LETTRE

sur

LES EXPOSITIONS

et

LE SALON DE 1861

PARIS. — IMPRINERIE DE DUBUISSON ET Cᵒ, RUE COQ-HÉRON, 5.

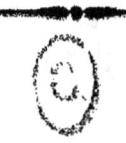

LETTRE

sur

LES EXPOSITIONS ET LE SALON

DE 1861

PAR A. CANTALOUBE

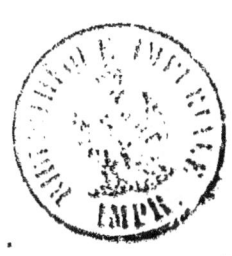

« Il faut chercher seulement à penser et à parler
» juste, sans vouloir amener les autres à notre
» goût et à nos sentiments : c'est une trop
» grande entreprise. »

LABRUYÈRE.

PARIS

E. DENTU, LIBRAIRE-ÉDITEUR,

PALAIS-ROYAL, GALERIE VITRÉE

—

1861

LETTRE

SUR

LES EXPOSITIONS ET LE SALON

DE 1861

—

A MON AMI MAXIME C... A ROME

Pendant que tu étudies, mon cher ami, les maîtres à Rome, que tu vis en solitaire avec ces beaux souvenirs loin du tumulte parisien, notre situation semble ici légèrement s'améliorer. Quoique toujours livré à l'industrialisme, l'art tend à se dégager un peu de la trivialité qui le gagnait depuis vingt ans. Tu veux bien insister pour que je te dise, avec toute la sincérité dont je suis capable, où nous en sommes après tant d'expositions particulières, et le Salon qui va finir. En présence de ces morts glorieux, dont les œuvres font renaître à tes yeux les splendeurs du passé, tu es curieux de savoir si les êtres du monde réel ont quelque apparence de vitalité à côté des immortels de l'Élysée artistique. Au milieu des inépuisables contradictions de la critique, dont les cent voix résonnent dans ta retraite comme autant de dissonances, tu éprouves, dis-tu, de l'embarras, sinon du trouble, et tu espères que je suffirai à t'en tirer, parce que j'ai le respect de la vérité autant que l'amour de l'art. Tu m'imposes là une tâche à coup sûr difficile, peut-être bien ingrate. Je vais donc, puisque tu le désires, reprendre avec toi par écrit nos causeries d'atelier, non pas seulement pour chercher à te distraire, mais avec l'intention de te signaler ce qu'il y a de bon ou de mauvais dans l'état actuel.

I.

LOCAL DES EXPOSITIONS.

Je coupe court à un plus long préambule, et j'entrerai de suite en matière. Comme tu l'as appris, le Salon est de nouveau placé dans ce pauvre local de l'industrie, si peu approprié à sa destination, que, suivant le mot spirituel d'About, le soleil d'Austerlitz y brille en liberté. Au moyen des fameux tourniquets, on prélève, selon la coutume anglaise, sur la curiosité du public, un droit dont le chiffre total sera, au bout du compte, bien misérable pour un pays comme le nôtre. Ce modique impôt valait-il la peine d'abandonner les traditions généreuses du passé ? En vertu de notre logique habituelle, nous copions tous les défauts des Anglais, sans vouloir reconnaître leurs grandes qualités. Sous ce dernier rapport, nous n'avons pas perdu nos préjugés antipathiques, et nous singeons ce peuple rival dans ses côtés mesquins : première critique. Une fois entré dans ce bazar, non moins compliqué que ceux du Caire, je n'ai jamais pu de prime-abord m'habituer à ce pêle-mêle, à cet amas confus de tableaux, de statues, de dessins et de gravures, tout à fait hors de proportion avec le nombre limité des vocations sérieuses et les besoins du public. Évidemment, si l'on veut mettre un terme aux excès pittoresques, trop souvent inouïs ou insensés, de la production, il sera nécessaire de modifier tout à fait le système actuel des Salons. Ceci me paraît urgent (1). Que d'œuvres, en vérité, presque nulles quand elles ne blessent pas le regard! Que d'artistes peu fortifiés par les épreuves du noviciat et ne donnant, même parmi ceux qui sont bien doués, que des à peu près! Je ne prétends point nier que les talents ingénieux n'abondent; que, de toutes parts, on ne rencontre de la facilité, de la verve, le don heureux de l'imitation; il y a de la variété, de l'éclat, du mouvement dans les œuvres de tant d'artistes! Si la plupart d'entre eux avaient fécondé leurs facultés naturelles par les travaux préparatoires de l'atelier, notre pays ne serait pas seulement le premier un peu par la faiblesse des autres. Ce sont donc les conditions actuelles des expositions qui nuisent à l'art, j'en suis pour ma part bien convaincu : tant que le choix sévère d'un jury mi-officiel, mi-libre par voie d'élection, n'aura pas désigné

(1) On assure que lord Brougham, à la vue de cette Exhibition, s'est écrié : « Je vois que les Français admettent aussi le roman-« feuilleton en peinture. »

le petit nombre d'œuvres dignes d'être distinguées; tant qu'un local convenable et bien disposé pour l'éclairage n'aura pas été construit par quelque architecte digne de ce nom, la confusion naîtra de cette série d'œuvres amoncelées; l'esprit du public ne saura jamais discerner, au milieu de cette anarchie, où est le beau, le vrai, et l'administration nouvelle, malgré ses projets, son habileté réelle, malgré le concours éclairé et la bonne grâce parfaite de M. de Nieuwerkerque, se trouvera nécessairement désorientée. Un Salon devrait donner le goût du beau, et ce spectacle ne cause que le malaise et l'ennui, surtout à un premier coup d'œil. Une tentative différente a réussi aux boulevards, je t'en parlerai en finissant, mais je me risque à t'avouer tout de suite que j'étais ému la première fois que je suis sorti de cette petite exposition, naïveté par malheur bien ridicule aujourd'hui. Tu ne trouveras rien d'étonnant à cela quand tu sauras que l'éclairage y est parfait au moyen de velariums suspendus; qu'on y voit un bon choix de tableaux modernes, par exemple, *la Mort de Socrate*; *la Source* de M. Ingres, quelques beaux tableaux anciens avec un divin portrait de Michel-Ange par lui-même. Pourrions-nous avoir un jour, même dans des proportions aussi modestes, un petit palais pour les beaux-arts avec trois ou quatre grands salons et quelques petites galeries comme la nouvelle du Louvre? Quel édifice on aurait eu avec l'argent dépensé depuis près de deux siècles! Rien n'empêcherait alors d'organiser des expositions permanentes, où l'on ne courrait aucun risque d'admettre même celui dont la vocation serait manquée; les leçons seraient cruelles et éclatantes comme au théâtre, et le vaincu qui ne se serait pas connu lui-même se retirerait bientôt devant les risées du public. Les expositions solennelles nous montreraient, à certains intervalles périodiques, quels auraient été les élus des luttes journalières. Peu à peu le goût du public s'épurerait par le choix des hommes compétents ; alors nous sentirions naître ou grandir en nous le sentiment de l'art, qui est on ne peut plus troublé en France. Mais à quoi bon me lancerais-je plus avant dans ces vaines théories? parlons de ce qui existe et non de ce qui est chimérique. L'administration voudrait bien améliorer ; je la soutiens, parce que je connais d'elle de bons actes tout spontanés. Que veux-tu qu'elle fasse, accablée par tant de demandes, de projets, de plans, qui se contredisent, où se choquent mille idées impraticables? Elle se figure, avec une apparence de raison, que toute innovation ne satisferait personne.

Pour ne pas m'ajouter à la categorie d'utopistes auxquels je viens de faire allusion, je me contente de l'avoir indiqué où est le mal, en finissant ces récriminations qui l'agaceraient sans doute. J'ai signalé ce qu'ont constaté presque tous les hommes compétents, je n'ai donc pas eu de mérite à le faire. Du reste, une preuve de plus que le gouvernement prétend attacher désormais un vif intérêt à la question qui nous occupe, c'est qu'on parle beaucoup ici de l'acquisition du Musée Campana, dont le directeur général des musées a pris livraison. Quelle heureuse aubaine pour des amoureux d'archéologie comme nous! Ceci me fait espérer que la vie intellectuelle, trop effacée par le souci de l'utile, pourra bien une bonne fois se réveiller. Certainement le terrain fertile ne manque pas, il ne s'agit que d'y semer dans la bonne saison, de prendre par la main ceux qui se révèlent au début; d'un autre côté, de ne point laisser les hommes déjà mûrs et déjà éprouvés dans l'inaction ou s'épuiser dans la misère, livrés aux marchands qui les exploitent ou subissant les exigences du public, qui n'ont jamais cessé d'être ridicules; encourager, en un mot, toutes les tendances nobles, élevées, non moins que les qualités aimables, quand elles sont saines: voilà le but à réaliser.

II.

SCULPTURE.

Au milieu des ruines de la Rome païenne, les échos de notre publicité doivent t'être arrivés un peu affaiblis; pourtant le Salon t'est déjà apparu sous toutes ses faces, belles ou séduisantes, triviales ou grimaçantes. Beaucoup d'écrivains et de journalistes s'y sont jetés comme d'habitude à corps perdu, comme un général au milieu de l'ennemi. Les uns n'y trouvent qu'une occasion, en faisant leur tâche quotidienne, d'exprimer à tort et à travers un sentiment peu éclairé. Quelques autres, malgré le sans-façon des artistes à leu égard, disent des choses vraiment utiles, et pour ma part je me plais à le constater. Ces derniers, le bon sens les désigne, leur verve, leur esprit ou le charme de leur imagination tranchent, on a beau dire, sur la monotonie ou sur les incohérences du grand nombre. Il n'y a que les vanités blessées, les talents sans sève ou tombés en défaillance, les artistes improvisés qui aient le droit de s'en plaindre. Lais-

sons-leur cette consolation! Rien n'est plus douloureux
pour un publiciste que de désabuser avec franchise un
amant passionné du beau qui ne sait pas traduire au
dehors ce qu'il sent. Il faut le faire avec prudence et
mesure, juger avec convenance, sans partialité, puis
panser la blessure, comme cela arrive dans un duel
quand on se penche vers son adversaire étendu sur le
sol pour le relever et le soutenir dans ses bras. Indulgence pour les anciens qui ne peuvent plus se guérir de
leurs infirmités venues avec l'âge. Je ne t'entretiendrai
que de ceux qui, malgré les années, sont restés jeunes,
et des nouveau-venus qui laissent de côté ce qu'il y a de
faux, d'incroyablement vulgaire ou de stérile dans le
réalisme. Comme moi, tu ne t'intéresses réellement, et tu
es un artiste de bonne race, qu'à ceux de tes confrères
qui, sûrs du métier, font des efforts pour traduire leur
âme et interpréter les choses extérieures dans un sens
élevé ou délicatement voluptueux.

Je ne commence pas, comme c'est l'habitude, par la
peinture, parce que la statuaire, sa sœur aînée, la domine de haut au Salon actuel. On s'était accoutumé peu à
peu à délaisser cette dernière comme on délaisse une vieille
fille tout à fait dépourvue des grâces de la jeunesse. La
délaissée avait semblé prendre son mal en patience. On
avait même fini par croire qu'elle se résignait à son sort,
si bien que l'autre jour un vieux romantique essoufflé
s'écriait devant moi : « Il est passé l'âge d'or des salons, »
sans se douter que le Salon actuel est certainement un
des meilleurs que nous ayons eu depuis longtemps (je
passe 1855). Ainsi, la sculpture nous montre au premier
rang des talents nouveaux, qui sont pour toi d'anciens

amis que tu salueras avec enthousiasme, car ils ne dédaignent point de s'abreuver aux sources pures de la tradition; ils ne pensent point que l'on perde ce qu'on a en soi de spontané, de libre, d'original, pour avoir observé les maîtres et s'être assimilé les éléments choisis dans leur œuvre qui peuvent s'unir avec leur propre tempérament. Au contraire, ce qu'on a de plus particulièrement en propre ne s'en formule que mieux; ces hommes, jeunes encore pour leur art, sont assez virils pour s'éloigner de la foule qui bourdonne et ne veut qu'être amusée. Dédaigneux de la popularité bruyante ou des faveurs bourgeoises, ils se consolent de leurs mécomptes au sein d'une médiocrité qui n'est point dorée comme celle d'Horace. Comme toi, ils attendent patiemment l'heure tardive où le public distrait et indifférent daignera s'arrêter devant leurs œuvres après que leurs camarades les auront consacrés.

Quant à ceux dont le nom est dans toutes les bouches, circulant parmi la foule éperdue, avide de battre des mains, on peut dire en employant un mot adouci, lorsqu'ils ont réellement beaucoup de talent comme M. Gérôme, qu'ils se trompent, qu'ils faussent le sentiment naturel de la masse en exposant des interprétations priapiques où l'antiquité est travestie ou parodiée. Comment le nu, qui est la forme poétique d'interprétation dans les arts plastiques, peut-il être ainsi offert en ragoûts lascifs? De bonne foi, peut-on avoir moins de respect pour l'époque la plus lumineuse de l'humanité? La *Vénus* qu'on voit au Louvre, ce beau marbre que le temps a chaudement coloré, où le type suprême de la femme apparaît chaste de tout baiser profane, n'est-il pas le vase d'élection de la pensée et de la tendresse humaine? Y a-t-il pour l'homme clairvoyant, dans une pareille œuvre, un seul trait de nature à éveiller les désirs grossiers ? De tous côtés, dans les palais de Rome bien autrement encore que dans les galeries du Louvre, les Vénus, les Grâces et les Nymphes, Diane chasseresse et les Muses, Apollon et Antinoüs s'incarnent dans des types différents, et formulent toujours avec une admirable harmonie l'idée du beau ; la chair s'endort sous la sévérité du génie ; l'âme s'élève dans une région sereine où planent les dieux souriant à leurs déesses ! Les hétaïres elles-mêmes, les courtisanes de la Grèce antique, se transformaient au souffle de l'art, la corruption abandonnait la matière et le nu étincelait avec l'idée du beau ; si le christianisme a cherché exclusivement le beau intérieur en haine de la nature, sur le sol de la Grèce, au contraire, la beauté plastique était un symbole religieux ! Comment un homme de talent ne craint-il point, cher ami, de ridiculiser aux yeux de nos Béotiens de Paris, de merveilleuses légendes ? Console-toi, cependant ; quelques-uns de tes confrères font ce qui vaut mieux que mes plaintes, une protestation muette, mais éloquente, contre de tels travestissements ou de telles déviations : la sculpture a cette année les plus valides, les plus robustes !

III.

SCULPTURE ARCHITECTURALE.

Tu dois te souvenir de nos impressions d'autrefois : notre goût, notre sympathie, nos préférences littéraires.

tout nous portait, en quittant Homère, à nous approcher du divin poëte de Mantoue. Respectueusement inclinés devant ce maître, nous aimions à nous égarer avec lui baignés dans son atmosphère poétique! Du ciel de ses fictions nous descendions doucement vers la terre, les champs ausoniens déroulaient sous nos yeux leur nature molle et caressante. En épelant tous deux les naïfs et tendres accents de la pastorale, nous suivions de près Virgile calme, inspiré sur les rives des fleuves au cours sinueux et protégés par l'ombre des arbres. La fraîcheur des fontaines, les bois et leurs mystères, les prés dits virgiliens couverts de troupeaux : tout cela jouissait devant nous d'une vie féconde comme à l'âge d'or de la terre; nous nous figurions voir, parmi les apparitions des nymphes, la chimère de la femme aimée plutôt devinée qu'entrevue. Virgile chantait et notre oreille charmée entendait ces vers :

Hic gelidi fontes, hic mollia prata, Lycori;
Hic nemus, hic ipso tecum consumerer ævo !

Nous ne connaissions pas encore le Virgile du Dante, le poëte sévère au sein des régions infernales, attristé mais grave, devant l'image éternelle de la douleur ! Tableaux sombres, terribles, dont G. Doré nous trace aujourd'hui la peinture dans l'océan des glaces au séjour des damnés ! O poëte aimé et tendre, nous devinons cependant ta tristesse, quand tu suspendais un instant ta marche aux pas rhythmés!

Eh bien, le croiras-tu ? je l'ai revu ce poëte tel que nous l'apercevions alors, non plus seulement comme une ombre touchant à peine la terre, mais réalisé dans un bloc de marbre, pétrifié et palpitant de vie, arrêté dans

une muette extase! Son œil plonge dans un monde in-
connu ; la main gauche tient un papyrus, l'autre soulève
sa toge aux plis harmonieux : c'est le poëte épique dans
sa sérénité!

Un peu plus d'ampleur ne nuirait pas au dessin si inventif de cette statue; un homme qui scruterait le côté
du métier souhaiterait peut-être un peu plus de perfection dans le modelé des bras ; mais à quoi bon insisterais-je sur de légers défauts qui contribuent peut-être à
l'effet, j'ose le dire, admirable de l'ensemble? Crois bien
que nous retrouverons tous deux devant cette œuvre le
poëte dont la voix attendrie troubla si profondément la
mère de Marcellus. Son corps, ployé sur la jambe droite, a
une pose qui ennoblit la réalité; la tête pensive, belle,
d'un caractère à la fois délicat et pur, aide si heureusement et sans aucune expression forcée à l'harmonie générale des lignes, que l'amour pour le poëte se fortifie à
la vue du type qui le représente. Rêve-t-il au sac de
Troie, aux fureurs de Didon ou tout simplement à ses
pastorales? Peu importe, la poésie l'anime et il engendre
un poëme. Absorbé par une puissante rêverie, il voit la
Muse s'approcher de lui, elle fait entendre à son oreille
des sons divins que lui seul perçoit. Après la superbe composition de M. Ingres, *la lecture de l'Énéide* (1), il était
difficile d'interpréter mieux de nouveau cette grande
figure romaine. Le statuaire, M. Jules Thomas, a été assez inspiré pour assouplir sous ses doigts le marbre sa-
cré, l'animer du souffle de la vie de l'âme; il s'est élevé
dans les régions surhumaines de l'Élysée antique; ac-

_____

(1) On a prétendu que l'artiste avait imité le *Virgile* de cette composition: l'examen de la gravure fait tomber cette critique.

cueilli par ces demi-dieux, il a été honoré de leur divin sourire.

Les artistes sont plus heureux qu'on ne le croit généralement de fêter un vrai succès; l'amour de l'art les entraîne. Aussi, dans cette circonstance, le sentiment d'admiration est-il général. Pour ma part, tu le sens, mon cher ami, j'ai voulu m'y associer tout de suite en mettant mon épître sous la garde de l'un des maîtres de la poésie. Si je n'avais songé qu'à l'art du sculpteur, si je ne m'étais point souvenu de mes amours littéraires, je t'aurais tout de suite parlé d'une statue en plâtre que cette épigraphe désigne au livret.

Sincèrement, je dois accorder à celle-là mon admiration sans réserve. Je n'y vois pas seulement, comme quelques-uns cherchent à le faire entendre, une belle étude; l'artiste me paraît au contraire le seul candidat sérieux à la médaille d'honneur. Malheureusement, la matière employée est du plâtre, c'est une grave question dans les délibérations du jury! Ici nous n'avons plus aucun lien avec l'idée littéraire, il s'agit de la statuaire dans le sens générique, telle que la comprenaient les anciens pour l'incorporer à l'architecture, la placer en saillie sur les frontons ou aux péristyles à l'entrée des temples. Tu le sais mieux que moi, le rhythme de la forme humaine venait se marier avec les proportions architecturales dont le module était l'homme lui-même; le tout se confondait dans une harmonieuse unité : d'un côté, les lignes sévères de l'édifice, mathématiquement combinées; de l'autre comme ornementation variée, les divers types de la race humaine exprimant des idées de beautés, types épurés, transformés dans l'âme des grands sculpteurs.

Devant le *Faune châtié par l'Amour*, groupe que tu

n'as vu qu'en plâtre, car Perraud n'y met pas de coquetterie, il montre son œuvre avec la matière fruste, sans
transparence, tu avais déjà compris l'artiste ; il ne craint
pas, après avoir exprimé son idée plastique, de la sou-
mettre au public en se privant, du moins provisoirement,
du brillant et du poli du marbre ou bien des tons fauves
du bronze ; entre nous, il y est un peu forcé, avant que
son œuvre n'ait été vue ; il ne demande pas de faveurs
comme tant d'autres qui obtiennent de suite des blocs
énormes pour des œuvres à peu près nulles.

Nous verrons cependant tous deux de nouveau son
groupe du *Faune* au prochain Salon, le ciseau aura fait
jaillir le *Dieu Sylvain* du roc informe. Quel beau morceau de sculpture ! comme il est bien imprégné du sentiment antique ! comme en même temps il lutte en quelque sorte avec la nature ! Dans le *Faune*, les muscles et
leurs ressorts vibrent encore sous les coups de Bacchus
tout enfant, qui vient de le frapper de son thyrse, tu t'en
souviens : l'enfant est debout sur l'épaule gauche, tirant
par l'oreille le Faune qui, en riant, le retient du bras
droit pour l'empêcher de redoubler ses coups. De quelque côté qu'on examine cette œuvre, on peut le faire à
tous les points de vue, sans y trouver, ce me semble, la
moindre faiblesse. Le type caractéristique de la tête,
le mouvement général, le modelé de toutes les parties
qui est la perfection, la souplesse même, l'esprit de l'antiquité résumé ; tout me paraît réuni dans ce groupe,
complet comme conception et comme rendu. De même,
cette statue, cet homme nu et assis n'offre aucune ligne
qui choque, aucun accent forcé qui vienne troubler
l'harmonie cherchée par le statuaire. Quand tu le verras
aussi plus tard en marbre, je suis sûr d'avance que tu

partageras mon émotion. Le sens de l'épigraphe, qui caractérise l'esprit de l'œuvre, signifie à peu près ceci : « Qu'il n'y a rien au monde que la douleur qui dure. » Ce n'est pas sans doute la douleur dans ses premiers accès, celle qui défigure l'homme, c'est ce sentiment avec l'amertume que laisse le souvenir, quand l'être aimé et tant regretté a depuis longtemps disparu : par exemple, Orphée ne comptant plus sur les dieux pour retrouver encore une fois Eurydice. Que ce soit Orphée, c'est-à-dire l'homme antique ou un homme moderne, que nous importe; c'est avant tout une étude de l'homme pris dans le sens général, de l'homme de tous les temps, à la fois un morceau qui peut servir de modèle pour l'art et un type reposé dont la mélancolie est robuste. Il est assis les bras étendus, les mains jointes sur les jambes noblement croisées, le corps ployé en avant, la tête penchée vers la terre ! L'âme de cet homme se nourrit d'une souffrance; le mouvement général du corps, le naturel de l'attitude, l'expression des lignes du visage, sans qu'aucune contraction en défigure la pureté ! le type, envisagé dans son ensemble : tout caractérise la douleur au point de vue moral. En même temps que l'étude des formes est irréprochable, que le dessin semble parfait, que le modelé a donné de la souplesse aux chairs, du ressort aussi bien que de la délicatesse aux muscles, l'idée de beauté est admirablement empreinte dans le tout. Personne de notre temps ne me paraît pouvoir dépasser une telle exécution. Quoique j'aille loin ici, je suis sûr que tu reconnaîtras cela de plus en plus toi-même. L'œuvre de Perraud n'est pas du tout, tu le sens bien, une tentative archéologique, une restauration de l'antique ou d'un type oublié, sinon perdu, un pastiche de quoi que ce soit : c'est une étude de la nature idéalisée avec un sentiment robuste. Voilà comment le statuaire sait profiter de ses fortes études, affranchir en même temps sa propre originalité de toute initiative ; on voit qu'il a élaboré sa science dans ce creuset universel où se sont concentrés les efforts accumulés des maîtres.

Le travail est inouï dans le groupe du *Faune* ; le dieu Sylvain n'a pas une fibre qui ne soit en action, et cela par le jeu naturel de son corps et le mouvement que produit l'entrain de cette scène toute rustique. Comme c'est noble en même temps ! quelle solide et haute interprétation ! La figure et le torse sont d'une invention superbe et ont été rendus avec une sorte de fougue contenue qui a produit l'énergie sans exagération. Quant à la statue de la Douleur ou du Désespoir, l'artiste s'est exalté devant la nature ! Supposons qu'une telle statue reste un jour debout devant le péristyle de quelque palais renversé ; le passant qui s'arrêtera rêveur auprès d'elle, dans un désert comme celui de Carnach de la haute Égypte, tressaillera devant la statue comme à l'approche d'un homme vivant condamné seul à expier les crimes de la cité disparue.

Voilà le pathétique tel qu'il est possible de l'employer sobrement en sculpture en le faisant sortir de l'harmonie générale et du type conçu. Tout autre mode doit être réservé plus spécialement pour la peinture. A quoi sert de violer, comme on l'a fait au moment du romantisme, les principes sévères de la statuaire ? Que de renommées éphémères se sont déjà évanouies depuis que cette fièvre est passée ! N'est-il pas insensé de dépasser les limites assignées à chaque art par la nature même des choses ? Viser d'habitude en sculpture à l'expression, en choquant les lois d'un savant équilibre, c'est vouloir plus qu'on ne peut. David d'Angers a bien souvent échoué dans cette lutte, soit pour ses frontons (1), soit pour ses statues ; l'altération des traits ou le mouvement forcé du visage, le caractère du détail, en un mot, aux dépens de tout le reste, ne compensent jamais l'effet que produit un type conçu avec ampleur et unité. Les statuaires qui n'ont pas compris cet Eurythmie sont quasi morts. A une certaine heure, dans un élan patriotique, un grand artiste trouve la Pallas de la terreur. Semblable à la Pallas de l'Olympe qui épouvantait les guerriers en jetant son grand cri au milieu de la mêlée, la Pallas révolutionnaire fait frémir encore l'Europe et les rois étonnés. Qui n'a parmi nous ce chef-d'œuvre gravé dans son souvenir ? Tu vois de Rome, j'en suis sûr, la farouche déesse s'élancer du pied droit de l'Arc-de-Triomphe, s'agiter dans les airs, entraînant après elle tout un peuple que quelques hommes suffisent à représenter, car les autres on les devine ; c'est beau, c'est sublime ! La conception, le mouvement, tout s'y trouve, et je ne puis jamais regarder le bas-relief qui symbolise ainsi la défense de la patrie et de la liberté sans frissonner d'enthousiasme. Pourtant Rude a voulu, dans une autre œuvre, s'inspirer de la même situation, généraliser ce qui ne pouvait être qu'une note exceptionnelle et toute de circonstance. De Ney le héros, il n'a fait qu'un guerrier vulgaire, dépourvu de noblesse épique. Ailleurs, sans doute, il a déployé de belles qualités ; pourtant il lui manque cette perfection qui tient à la pondération des diverses parties entre elles, autrement dit à l'effet de l'ensemble, à

(1) *Ex.* : le fronton du Panthéon si vanté.

l'harmonie du tout ; ces défauts deviennent saillants chez quelques-uns de ses élèves que je te citerai plus loin.

Perraud, dont tu as vu les concours et les expositions, et que tous ses camarades de Rome ont distingué au premier rang, d'un commun accord (1), sera, je l'espère, assez robuste pour renouer la tradition un peu oubliée à ce point de vue. Ainsi, dans son buste de *Béranger* pour Perrotin, il ne s'est pas attaché, comme Mlle Dubois Davesnes l'a fait, du reste avec talent, à rendre le côté bonhomme du coin du feu. Ce mode d'interprétation n'est acceptable que pour les chefs de famille qui ont fait une belle dot à leurs enfants. Perraud devait avoir une plus haute visée et chercher à unir la gravité et la noblesse à la bonté inaltérable du poëte. Aussi, voit-on à l'expression du visage que Béranger a dû pratiquer le bien sans se laisser aller à aucune concession ou à aucune platitude. J'entendais un jour un académicien *souligner* à ce propos ces mots significatifs : « on ne peut se dissimuler qu'il y » ait eu beaucoup d'art dans sa conduite. » Il serait à souhaiter que tout le monde, et en première ligne l'Académie qui en a grand besoin, ne craignît point de s'initier à cet art-là. Nous n'aurions plus à gémir sur nos vieux politiques ou sur nos poëtes. Se nourrir d'un tel orgueil dans un temps où l'on est si fragile, c'est avoir déjà, j'en suis sûr, une vertu aux yeux de Dieu !

Aux deux côtés de la porte du milieu donnant sur la grande nef à l'Exposition, sont placées deux statues de *Napoléon Ier*, d'allures et de caractères si divers, que je

(1) Consulte deux articles de *la Revue des Deux Mondes*, l'un de M. Beulé, du 1er juin 1861 ; l'autre du savant M. H. Delaborde, du 15 du même mois (*Salon de 1861*).

vais y chercher des éléments de discussion à l'appui
des théories qui précèdent. Si tu pouvais voir le plus
réussi de ces marbres, tu reconnaîtrais que M. Guillaume
est un archéologue comme il y en a peu. Il a donné à
l'Empereur le caractère du Jupiter Olympien, quand sa
figure restait sereine. Debout sur son piédestal, le sou-
verain tient le sceptre de la main droite, les tables de
la Loi de la main gauche; une chlamyde, digne d'avoir
été taillée par le ciseau d'un artiste grec, est attachée sur
son épaule gauche; la tête, belle de lignes puisqu'il s'agit
de Napoléon, a la sévérité calme du législateur; le bras
qui tient le sceptre est superbe. Le héros ainsi immo-
bile commande au monde et aux armées pendant la paix
et pendant la guerre; le statuaire ne pouvait commettre
la faute de se servir du costume des camps : le dominateur des hommes devait égaler le roi des dieux. Une fois
dans la maison romaine des Champs-Elysées, tout poëte
approchera cette statue en posture de suppliant, comme
s'il était auprès des divinités des temples. Devant le
mérite certain, incontestable de M. Guillaume, tu trouverais sans doute, ainsi que moi, qu'il a cherché le style
et su l'atteindre; qu'il a reproduit en même temps, avec
une grande ressemblance, les traits mêmes de Napoléon.
A-t-il fait aussi bien ressortir le caractère tout spécial de
l'homme moderne et tiré un bon parti de la physionomie?
Je ne le pense pas, car je cherche en vain dans ce galbe
si pur et dont j'admire tant les contours, je ne sais quel
trait mystérieux qui m'eût révélé l'âme du César révolutionnaire et qui eût donné plus de souplesse et de
grandeur à la facture. Ce secret éclatant de l'invention
n'a été pénétré à ce haut degré que par M. Ingres;
chaque fois qu'il a touché à une figure moderne, en son-

geant aux modèles du passé, il n'a jamais perdu de vue le type de l'homme du moment. Exemple, MM. Molé, Bertin et tant d'autres. C'est par là que l'artiste appartient à son époque, qu'il a forcé l'admiration, et qu'aujourd'hui, après tant de dédains ou de sottes moqueries, le monde élégant se donne rendez-vous devant ses œuvres.

Le *Napoléon* de M. Cavelier pêche par un excès contraire à celui de M. Guillaume. C'est un César un peu trivialisé sans la grandeur, au moins brutale qui eût dû caractériser cette figure épique. La toge, drapée comme au hasard et avec un fouillis de plis, laisse le corps nu du côté de l'épaule droite ; le front est trop bombé, les muscles pectoraux ont trop de saillie. Il serait injuste pourtant de nier le mérite de l'exécution, remarquable à bien des points de vue ; le personnage lui-même est loin d'être vulgaire ; il est fâcheux seulement que l'artiste se soit laissé aller à une certaine recherche pittoresque. Ceci a nui en grande partie au groupe de *Cornélie* et des *deux Gracques* du même artiste. Le type de la Romaine a beaucoup de noblesse, il est digne de l'art, ainsi que son attitude et sa beauté ; l'ensemble du groupe me paraît avoir reçu quelques modifications heureuses depuis que nous l'avons vu tous deux en plâtre ; je n'en jurerais pas ; je me borne à te dire que mon œil a été différemment impressionné qu'autrefois. Les enfants sont défectueux ; le plus grand est drapé comme un orateur de la tribune aux harangues, quoiqu'il soit à peine nubile. En supposant qu'il fût à l'âge d'être ainsi amplement vêtu, suivant la coutume romaine, la convention de l'art pouvait, pour l'agrément de l'œil, simplifier les draperies. En vain m'objectera-t-on que la simplicité de l'art grec n'a rien à faire dans ce sujet. Puisque nous sommes à Rome, souviens-toi du Louvre et de ses galeries inférieures, de la salle où sont les Romains. Y a-t-il un art plus sobre, plus sévère, plus impérieux? c'est le caractère avec l'unité de l'ensemble. Les Romains de marbre, calmes, immobiles, viennent de faire un geste qui domine le Forum. M. Cavelier, malgré ces quelques réserves, est toujours l'homme de talent que tu connais; son buste de M. H. Vernet est fort ressemblant.

IV.

LE FAUX STYLE.

Depuis son succés de *Cléopâtre*, sorte d'étude de femme nue qui avait été, disait-on méchamment, moulée sur nature morceau par morceau, M. Clésinger a été considéré comme un grand artiste par une certaine portion du public, que séduit l'appât de certaines nudités. Ce qu'il désire, c'est que l'intention soit assez habilement déguisée pour qu'il puisse la savourer à l'aise en sauvant les apparences. L'entraînement fut tel en faveur du statuaire, que rien n'a pu depuis lors le modérer, pas même l'érection de cette fameuse statue équestre de François Ier, baptisée si cruellement par les rapins. Tu comprends que les gens expérimentés se sont tenus sur la réserve, craignant à juste titre de s'associer à une admiration qu'il eût été tout aussi convenable d'égarer sur le Sphinx et le Fronton rapportés de Sébastopol. Si ces morceaux avaient en effet l'empreinte de cette facilité d'imitation qui tient à ce qu'on nomme le tempérament, ils laisseraient le public tout aussi ébahi que le groupe de *Cornélie*, la *Diane* et la nouvelle *Cléopâtre* de M. Clésinger; c'est le même goût, le même art pour les deux choses. L'interprétation est livrée aux hasards de la réussite. Eh quoi! se sont récriés quelques-uns, est-ce être consciencieux que de méconnaître une telle organisation? Les œuvres du *maître* venues d'Italie n'ont-elles pas du caractère, le mouvement n'est-il pas bien juste dans cette Zingara dont le bond lascif est comme la nature même? Parfois il a atteint le style. Voyez cette tête d'Italienne si belle du Salon actuel! Ici je devais perdre patience et m'arrêter. L'erreur de notre temps est de déprécier cette dernière qualité. Avant tout, c'est le don le plus exquis de la nature; la science le développe, il est vrai, mais celui qui s'est asservi aux sens n'en peut faire qu'une recherche vaine, car il ne peut se concentrer en lui-même par la réflexion pour s'inspirer au feu divin de l'âme.

V.

LE MATÉRIALISME DANS LES ARTS.

Que les hommes matériels, habiles à satisfaire certains instincts, sont heureux à un point de vue! Une certaine portion du public, la plus active et la plus bruyante, celle qui fait les pièces à succès et qui a mené notre théâtre tu sais où, est pour eux d'une indulgence inépuisable, tandis que ses rigueurs tombent sur ceux qui s'égarent quelquefois à la recherche d'un idéal impossible. Per-

3

mets-moi de faire une comparaison et de chercher un instant ailleurs qu'en peinture des traces du goût dominant. En musique, par exemple, tel théâtre, à peine au niveau des anciens tréteaux du moyen-âge, où des bouffons bouffonnants gambadent comme aux bals publics, aux sons d'une musique dite bouffe, est sérieusement, que dis-je, hautement discuté ; quelques-uns appellent cela un nouveau genre ; cette musique, tout à fait nouvelle et baroque, amuse ; cela suffit. Quelles franches lippées pour notre rire gaulois ! Ces succès, que font les oisifs, sont pourtant les seuls qui soient fructueux dans le sens économique. Malheur à l'artiste convaincu qui viendra choquer avec violence des goûts aussi relevés ! on n'y va pas de main morte pour le mettre en pièces. N'osant attaquer les maîtres qui ennuient au fond, on s'en console en accablant les tentatives malheureuses faites de bonne foi.

Ainsi, par exemple, je ne crains pas de l'avouer, j'étais humilié dans notre amour-propre national aux représentations où l'on a traité M. Wagner de la façon que tu sais. La sévérité empêchait-elle la courtoisie, surtout à l'égard d'un artiste qui est loin d'être le premier venu ? Ah ça ! t'écrieras-tu, tu aimes donc la musique sans le rhythme, sans une forme précise, où l'on fait abus des dissonances, où de vagues mélopées forment la soi-disant mélodie infinie, cette fameuse mélodie de la forêt qui jette l'esprit à travers des steppes arides ? T'apitoierais-tu sur le sort d'un esprit troublé par des divagations musicales et métaphysiques ? Un fou seul était capable de nier l'œuvre des génies qui ont consacré le langage musical ; une syntaxe ainsi formulée n'est-elle pas immuable ? Rassure-toi, je hais peut-être plus qu'un autre en tout l'esprit de système et de parti pris. L'accueil fait à Wagner a été juste quelquefois au fond, mais il a été odieux dans la forme. Si je le désapprouve, c'est qu'il a été inspiré non par le respect de l'art, mais par des tendances mille fois pires que celles qui ont succombé. Ce jour-là le néant a triomphé ! Ce spectacle était fort curieux s'il était attristant. Je t'y regrettais, car tu y aurais apprécié le caractère frivole de nos badauds parisiens.

Je le reconnais, Wenusberg n'était pas un lieu très attrayant ; néanmoins, lors des répétitions, les agitations, les luttes, les combats intérieurs du chevalier maudit excitaient en moi quelque intérêt. Des fragments, que tu entendras, étaient même fort beaux. Quant aux représentations, on n'y put rien écouter. Les Parisiens se donnèrent à cœur-joie un immense charivari, tohu-bohu de cris, d'éclats de rire, de bruits bizarres et insolites dont tu ne peux avoir d'idée. Ce jour-là j'étais presque autrichien ! Deux cents têtes grimaçantes se tournaient avec dérision vers la jeune femme qui avait patronné l'artiste. Des instruments champêtres mariaient des airs, comme celui du *Bon tabac*, à des imitations de cris d'animaux, à tel point que l'excellent Morelli lui-même, malgré son expérience et son talent, faillit suivre la déroute ! En maints endroits, quelques beaux morceaux mal accueillis me faisaient craindre qu'il n'y eût quelque vérité dans ce proverbe italien : *I Francesi hanno orecchie di corno.*

J'avais besoin de cet exemple, devenu fameux, pour montrer que chez nous l'artiste qui s'égare dans l'idéal ne peut impunément dépasser les limites de son art ; je ne m'en plaindrais pas si celui qui spécule sur nos goûts,

ou plutôt sur nos appétits, avait aussi ses mauvais jours.
Hélas! c'est trop rare!

Mais ici je reviens à mon sujet.

VI.

LA SCULPTURE PITTORESQUE.

Un homme de talent, libre de tout lien d'école, s'est
voué avec une sorte d'intuition à réunir les divers types
de la race humaine dans une collection ethnographique
d'un intérêt réel et qui pourrait être fort utile au Muséum :
statues et bustes, rien ne coûte à M. Cordier dans ce but;
il ne recule devant aucun effort et même devant des en-
treprises impossibles pour donner une forme à ses idées
ou à ses fantaisies plastiques. Cette année, il a fait un
projet de fontaine qu'il prétend être imité du dix-huitième siècle. Je n'ai jamais vu, même dans les monuments de cette époque, qui était loin, quoiqu'elle fût
spirituelle, d'être un type de goût, des spécimens d'une
pareille sculpture. Figure-toi Amphitrite debout sur sa
conque, sortant d'un bouillonnement des vagues et sou-
tenue par des Tritons soufflés aux extrémités tordues ;
des monstres marins, vus de face, montrent leurs têtes
bizarres à travers l'énorme empâtement qui figure les
flots. Tout cela n'a aucune forme et ne pouvait prêter
qu'à un effet décoratif excessivement lourd. S'il y eut des
monuments analogues au dix-huitième siècle, ce n'étaient
pas des modèles à imiter. La fontaine de M. Etex, peintre,

architecte, sculpteur, écrivain, poëte et même musicien,
m'assure-t-on, présentant comme dans une boîte à jou-
joux des troupes de cygnes circulairement et symétri-
quement attelés, est d'un effet si mesquin, qu'on appré-
cie dans ce cas bien davantage le projet de M. Cordier,
placé en pendant à l'autre bout de la nef. Je voudrais
pouvoir louer l'audace d'un si rude labeur ; une citation
devenue proverbiale m'en empêche :

Amicus Plato, sed magis amica veritas!

Je dois mentionner entre ces deux fontaines, pour te
donner un coup d'œil juste de la nef du palais, une
grande statue équestre de *Don Pedro*, empereur du Bré-
sil, de M. Louis Rochet, entourée au piédestal, au lieu
de bas-reliefs, de grands groupes représentant les diverses
races de cet empire. L'ensemble, qui est colossal, me
paraît, à cette place, d'un effet assez décoratif ; ce sera
petit pourtant, dit-on, sur la grande place de Rio.

Si j'avais laissé passer, malgré tout le désir que j'en
avais, de telles œuvres sans critique, tu aurais pu avec
raison me reprocher d'être complaisant à l'exemple de
mes anciens, les écrivains accrédités. J'avoue cependant
que j'aime mieux l'éloge que le blâme, et que sauf les
choses qui sont trop dans le faux, je me plais à éviter
toute autre observation de détail n'intéressant pas l'état
sanitaire de l'art. Un mauvais exemple donné par le talent
est dangereux ; on ne saurait donc trop le signaler comme
un écueil à ceux qui veulent se distinguer dans une voie
analogue.

3.

VII.

SCULPTEUR ET ORFÉVRE.

Tu te souviens, cher ami, de l'effet produit à l'Exposition industrielle de 1855 par l'orfévrerie de Froment-Meurice, qui s'aidait, pour l'ornementation, du concours de beaucoup d'artistes. L'un d'entre eux, obligé de travailler longtemps sous la raison sociale de cette Compagnie, après avoir beaucoup souffert et s'être consumé, au milieu de la fièvre de la production, dans une sorte de stérilité apparente, a pu se produire enfin cette année sous sa propre responsabilité et non sous l'étiquette d'une entreprise. Nous avons maintenant un homme de talent de plus. Son exposition, considérable pour un statuaire qui a fait un pareil effort en grande partie avec ses seules ressources, est composée de deux statues en marbre, de deux bas-reliefs en plâtre représentant Psyché et Pandore, et de deux bustes. Avec cela, on peut juger un homme. En bonne justice, le jugement qu'on doit porter ne peut être que hautement favorable. Que le sculpteur ait eu parfois des défaillances dans un tel labeur, que les traces en soient visibles dans quelques détails de son œuvre, ce n'est pas étonnant; cet homme s'affirmait, après quinze ans, à peu près pour la première fois, et l'on peut faiblir par hasard. Ne te figure pas cependant que ces côtés défectueux soient graves, non certes. La statue du *Jeune Pêcheur à la Tortue*, jeune enfant à peine nubile, agenouillé sur la rive pour saisir délicatement sa proie, est un morceau rare heureusement trouvé, où le style se joint même à l'invention. Quelques personnes reprochent à certaines parties un peu de gracilité. Pourtant il n'y a point de miévrerie dans le sens qu'on attache maintenant à ce mot; les défauts, d'ailleurs, s'il y en a, sont complétement couverts par les qualités nobles qui distinguent cette œuvre. L'Impératrice a, dit-on, acheté, pour en orner une salle de l'Élysée, la seconde statue : *Une jeune Fille* assise au bord d'un ruisseau, cherchant sans doute dans ce miroir, malgré le courant des eaux, à retrouver l'image de celui dont le souvenir la fait rêver. Dans sa pose un peu tourmentée, cette figure séduit beaucoup. Appuyée sur la main droite, la tête, ornée d'une couronne, rappelle certains spécimens de notre statuaire du seizième siècle; l'attitude des jambes croisées avec un léger maniérisme nous montre que l'artiste s'est beaucoup impressionné de l'époque que je te désigne. Pendant sa longue carrière chez Froment-Meurice, il ne pouvait trouver de plus beaux modèles pour les délicieuses figurines dont il ornait les bijoux ou les grands objets d'orfévrerie. La jeune fille rêveuse est donc un type d'élégance et de goût plutôt qu'un spécimen de la recherche du style; c'est gracieux, mais avec une pointe de préciosité; c'est un art charmant qui séduit beaucoup; mais le jeune pêcheur, quoique n'étant pas peut-être irréprochable, appartient, selon moi, à un ordre plus élevé de l'art. L'expression, la délicatesse exquise des physionomies de la jeune fille et de l'adolescent désarment en quelque sorte toute critique; on se laisse aller à la séduction en voyant les parties souples et bien modelées du haut du corps, et c'est à peine si l'on veut remarquer que les jambes de la jeune fille sont d'un dessin un peu rond. L'artiste a su faire deux beaux bustes avec beaucoup de goût et d'ampleur. L'un représente l'homme magnifique, restaurateur du gymnase antique, dont la force égale l'harmonie des formes; avec le col et les épaules d'un hercule il était possible de faire un buste largement drapé ayant de la tournure. M. Delessert a eu l'heureuse idée de se faire reproduire en empereur romain. Je t'assure que tu trouverais en lui, tel que le montre le marbre, un type très intéressant dans le goût de ces empereurs de la décadence dont les têtes amplement construites, aux méplats larges et accentués, avaient à la fois un double caractère, celui de l'énergie et de la sensualité. Ces tempéraments vigoureux se prêtant, comme nous l'a point l'histoire, aux fatigues de la guerre et des plaisirs, passaient des ardeurs des combats aux somptuosités des festins ou aux bras des courtisanes; leurs figures portaient donc une double empreinte. On pourrait croire que le buste en question représente un de ces hommes.

Ne pouvant m'arrêter à toute œuvre dont l'individualité n'est pas saillante, je me bornerai à t'assurer que le nombre de ceux qui arrivent à de bons résultats avec le sentiment ou avec la science n'a fait que s'accroître. L'antiquité a encore ses adeptes, j'en atteste les vigoureuses colères qui poursuivent ses contempteurs; tu as pu déjà en voir dans la *Presse* quelques échantillons à propos du Salon, si toutefois certains journaux arrivent à Rome.

C'est donc l'antiquité qui est et sera toujours la mère nourricière des statuaires de tous les temps. Tu sais mieux que moi que ceci ne signifie pas fermer les yeux devant la nature et ne faire que de l'archéologie; Perraud et d'autres prouvent le contraire. Laissons donc crier ce qu'on nomme les réalistes, assez niais pour se moquer d'un art admirable qui rend le plus merveilleusement l'idée plastique dans le sens de l'harmonie et de l'invention de la forme.

M. Crauck a fait avec un talent incontestable, en s'inspirant de types déjà connus, un *Faune* où l'intelligence de l'antiquité a été bien saisie, mais un peu servilement rendue. Ce Faune est assis, il tient une coupe où il va puiser l'ivresse.

Tu as dû remarquer les camées de Chabaud, ces fines sculptures d'un goût exquis que les femmes agrafent avec tant de bonheur sur leur corsage. Cette œuvre d'art va tantôt reposer sur leurs seins qui palpitent, tantôt s'enrouler en bracelets autour de leurs bras aux fines attaches. Ce travail n'est-il pas de ceux que l'artiste imaginatif, et surtout l'artiste méridional, doit sculpter voluptueusement, ne fût-ce que pour voir un jour par hasard de telles pierres, de tels joyaux servir de parures à quelque femme idéale ou à une jeune fiancée qui apparaît rêveuse à travers ses longs voiles de noces? Chabaud a, cette année, un marbre de la Chasse destiné au ministre d'État, travail où il a su être élégant, mais un peu maniéré dans certains détails, autant que dans un autre genre il est fin et délicat.

VIII.

SCULPTURE DE GENRE ET MANIÉRISME.

Il y a un art en sculpture qui, tout en étant charmant, cesse d'avoir l'ampleur nécessaire pour être architectu-

ral, et se réduit tout à fait à n'être plus qu'une décoration pour nos intérieurs d'appartements; les statues sont
alors des meubles d'un ordre spécial qui ornent les quelques logis somptueux du moment. La plus haute expression d'un pareil art sera, si tu veux, cette charmante
Fileuse, de M. Mathurin-Moreau, aux draperies si souples et si élégantes, que tu as déjà vue au Salon de 1859.
Elle était alors en bronze; nous la revoyons en marbre,
matière dans laquelle cette jolie sculpture perd peut-être
un peu. Le marbre par lui-même, par la blancheur de
sa substance, se prête mieux à ce qui est sévère. Assurément la *Fileuse* appartient à un genre empreint de
beaucoup de maniérisme. M. Moreau pourra-t-il s'élever
plus haut? Jusqu'à présent il n'y a point réussi dans son
groupe de la *Méditation*.

SCULPTURE DE GENRE.

Avec le *Colin-Maillard* de M. Leharivel, nous touchons
tout à fait à la sculpture de genre, à une sorte de réminiscence de l'art du xviiie siècle. Cette femme, aux yeux
bandés, prompte à étendre les bras pour saisir l'un des
joueurs, est coquette, séduisante; son costume est agréablement arrangé, les femmes surtout doivent raffoler de
ce morceau. Est-ce de la statuaire? Assurément non.
Cela méritait de former une fort jolie terre cuite, un
meuble meublant, voilà tout. L'artiste devrait se garder
de l'esprit en sculpture, d'autant plus qu'il est capable de
s'élever à un art sérieux. Sa statue *Être et paraître*, en
marbre, type d'une courtisane montrant sa tête ennuyée,
tandis qu'elle tient de la main gauche un masque, visage

riant du plaisir, nous le prouve de façon à n'en pas douter; le caractère de cette œuvre est vrai. L'exécution atteste l'habileté du sculpteur, aussi bien que celle du premier sujet, dont le succès est significatif. J'ajouterai
même que son autre statue : *Rosa mystica*, quoique un
peu profane, est peut-être ce qu'il a fait de mieux. *Cé-
phise coupant l'extrémité des ailes de l'Amour*, de M. Gra-
bowski, ne sort pas du genre maniéré.

SCULPTURE NOBLE.

Nyssia au bain, de M. Aizelin, ainsi que sa *Psyché*,
sont d'un goût plus élevé. Nyssia surtout est pudiquement
enveloppée de longs voiles; nous rentrons ici dans la sculpture noble. Il y aurait de même injustice à ne pas placer en
première ligne, parmi les élèves de Rude, M. Cabet, avec sa
statue de *Suzanne*: à l'expression du visage, au mouvement
un peu forcé de la femme, tu croirais qu'elle est plutôt ef-
frayée ou ahurie que blessée dans sa pudeur; ce défaut
est certainement grave, puis les contours manquent, dans
certaines parties, d'élégance; pourtant le statuaire a traité
son modelé avec tant d'amour; les jambes, la poitrine,
le haut du corps de cette Suzanne accroupie, sont rendus
avec tant de souplesse, qu'après une observation appro-
fondie on perd l'impression moins favorable d'un premier coup d'œil. Les autres élèves de Rude montrent, les
uns un certain sentiment de la grâce, les autres de la science
d'exécution : je citerai MM. Marcellin, Guiton, Clère, Le
Bourg, Montagny, etc. Les trois premiers n'ont pas voulu
arriver à l'Exposition sans des travaux importants. L'effort de M. Guiton est intéressant et mérite d'être récom-

pensé; sa statue en bronze de l'*Homme à la colombe* est celle qui me plaît le mieux. M. Marcellin imite de trop près la Renaissance française.

Maintenant encore quelques noms : MM. Loison, Maniglier, Roubaud, Truphème, Ramus, Robinet, et tu auras une indication à peu près exacte de tous les sculpteurs qui ont concouru à donner de l'importance à cette branche de l'art cette année.

Et l'*Agrippine* de M. Maillet, t'écrieras-tu, il n'a donc pu la faire en marbre? tu ne m'en parles pas. Rassure-toi; la veuve de Germanicus est là, debout, toujours voilée de la tête aux pieds, sans qu'on puisse pénétrer les traits, les lignes de sa figure. Le statuaire a voulu nous dérober ce qu'il y avait de plus intéressant pour nous : le caractère d'un tel visage en un pareil moment ! Songe que le peuple romain accourt et qu'elle doit être sévère dans sa douleur; veuve d'un héros, elle ne doit pas le pleurer en femme vulgaire. Entre ces deux interprétations, le sculpteur, comme tu le sais, a préféré un trompe-l'œil traité, je le reconnais, avec infiniment de talent. Cela pourrait être aussi bien, avec quelques modifications, une nonne de Robert.

SCULPTURE ET ORFÉVRERIE.

Une innovation à laquelle tu applaudiras sans doute avec moi, c'est l'exposition de quelques beaux objets d'orfévrerie et de bronzes d'art : une coupe en or et en argent, de M. Rouillard, des vases de M. Vechto et de Triquety. Pourquoi ne prendrait-on pas l'habitude de donner une place à ce qui ranime l'art de Benvenuto et des grands artistes florentins? Ce serait un élément luxueux pour le petit palais de l'exposition de l'avenir, que tout le monde réclame à cor et à cris. Je suis sûr qu'en ce genre M. Rouillard excellerait. Pour compléter cet exposé, je te citerai la médaille en bronze de M. Bovy, sur le mariage du prince Napoléon, comme un travail remarquable.

IX.

BUSTES.

Je ne quitterai pas la sculpture sans te citer quelques beaux bustes. L'un des plus remarquables est celui de la princesse Clotilde, placé à côté de la statue de l'Impératrice, du même statuaire. Je ne puis t'exprimer combien ce buste est attachant, il a la vie même et un caractère tout particulier, tenant, sinon à une figure complétement régulière, du moins à un piquant imperceptible qui vient animer l'ensemble de la physionomie. La finesse des traits, la belle construction du front et, par-dessus tout, le charme de la jeunesse, donnent aux contours suaves du col et des épaules, le galbe moelleux et pur de la femme chaste; ce collier de perles qui s'arrondit si naturellement à la naissance du col; tant de détails concourent à un ensemble qui est réellement artistique; c'est, du reste, la tête ainsi que les épaules et les bras qui sont traités avec si peu de succès dans le portrait un peu maladif de M. Hébert. L'image vivante et gracieuse de cette jeune princesse semble donner un démenti à ceux qui attaquent si violemment la maison de Savoie.

Dieu a semblé sourire à l'œuvre qu'accomplit cette maison, en lui donnant cette jeune femme, qui est parmi nous un lien d'amour et d'amitié. Outre la statue de l'Impératrice, M. Barre a fait un buste de notre gracieuse souveraine, buste que j'aime mieux sans doute que le nouveau de M. Pollet, moins heureux cette année qu'autrefois; M. Pollet a fait aussi le buste colossal de Napoléon III couronné de lauriers.

Un glorieux soldat, mort en Orient comme un de ses ancêtres, sous saint Louis, en Égypte, entouré d'ennemis morts, est réapparu sous le ciseau d'un jeune statuaire très distingué, M. Cotte, qui a compris d'instinct l'homme, son allure libre et fière, aussi bien que son grand cœur. Si M. Cotte eût sacrifié certains détails dans les accessoires, les habits, les cheveux, la moustache, exécutés avec le même parti-pris, la figure du colonel de Brancion, qui est d'un beau modelé et d'un accent remarquable, gagnerait sensiblement à ce qu'il y eût moins d'uniformité de rigueur dans l'exécution. Je me demande comment M. Cotte, qui a sculpté avec tant d'énergie cette image d'un héros et le médaillon de son frère, le général actuel des Invalides, a pu tirer un si excellent parti, au point de vue de la statuaire, du type de l'ex grand-maître des maçons de France. Il est venu à bout, en cela, d'une tâche bien pénible. Des bustes de M. Iselin, d'après M. Bugnet, le président Boileau, etc., plairaient de même, ils ont un beau caractère. Ceux de M. Oliva attirent la foule et je ne l'en nierai point le talent. Seulement si ces bustes ont de la tournure, ils sont empreints, soit dans l'ensemble, soit dans les détails, d'une certaine exagération tout américaine, ce qui choque fort le goût. Par exemple, la belle figure d'Arago a des sourcils olympiens, l'œil est enfoncé

sous l'orbite ; où est la simplicité de cette belle et noble
figure, de ce type qui prêtait si largement à l'ampleur ?
Avait-il besoin de rien forcer, de s'amuser surtout à des
détails puérils, en frisant le marbre avec son ciseau ?
M. Oliva a, en outre, la manie d'enduire ses bustes de je
ne sais quel ingrédient pour leur donner un ton chaud :
voilà une manipulation qui ne peut servir à rien. Quand
on a le bonheur de pouvoir disposer d'une matière telle
que le marbre, on la garde inaltérable, on laisse au temps
le soin d'y ajouter ses harmonies.

Notre ami Millet a fait un buste du maréchal Magnan,
que je ne saurais trop louer ; c'est, sans contredit, un des
meilleurs de l'Exposition ; le modèle a été interprété su-
périeurement, avec une grande énergie d'exécution et
arrangé avec infiniment de goût.

En montant aux dessins, je me propose de chercher les
bustes de M. de Niewerkerque. Le bas-relief de madame
Noémi Constant (Claude Vignon), représentant la musique,
est un travail délicat, digne d'une femme aussi distin-
guée. Je le constate avec d'autant plus de justice, que l'écrivain Claude Vignon a été honoré d'une insulte de la part
du journal *le Monde*, qui a reproché à son confrère le
Correspondant d'avoir osé accueillir dans ses colonnes
l'écrit remarquable de cette artiste sur le Salon. Le motif allégué repose sur de prétendues indécences dans les
descriptions. Dieu nous garde de la pudeur des dévots !
c'est toujours la fausse pudeur de Tartufe, appliquée à
l'art.

..... Couvrez ce sein que je ne saurais voir.
Par de pareils objets les âmes sont blessées,
Et cela fait venir de coupables pensées.

En terminant, je ne veux pas oublier, pour être juste, le *Spartacus noir*, vigoureusement modelé, de M. Lebœuf, et l'*Homère* de M. Eude, qui a du caractère, quoiqu'il soit un peu lourd d'exécution.

Je ne troublerai pas plus longtemps les muses qui sont sorties de leur doux sommeil pour visiter quelques jeunes statuaires. Je souhaiterais qu'elles pussent s'accoutumer à vivre sous notre froid climat; mais je ne leur demande pas tant; qu'elles nous visitent dans les beaux jours, qu'elles enveloppent de leurs longs voiles nos jeunes peintres, afin qu'eux aussi puissent oublier les tristes réalités et dédaigner ce qui est trivial. Il y a peu de sujets où l'on ne puisse trouver une grande poésie, lorsqu'on ne s'obstine pas, comme M. Courbet et consorts, à se moquer du rhythme et de l'harmonie des rites antiques. Dans la seconde partie de cette épître, cherchons encore tous deux ceux qui rencontrent quelquefois l'inspiration; nous pourrons nous reposer dans les douceurs de la vie rustique, au milieu des Idylles et des Églogues, que les échos virgiliens ont murmurées à l'oreille de quelques peintres. Nous pourrons de nouveau approcher les déesses; mais elles se tiendront à l'écart, un peu attristées!

PEINTURE ET DESSINS.

I.

DESSINS ET AQUARELLES.

COPIES DES MAITRES A L'AQUARELLE.

Avant d'arriver aux peintures, je vais faire, mon cher ami, un petit détour par les galeries de dessin, qu'on néglige beaucoup trop dans les comptes rendus. En m'y rendant, je m'arrête avec un vif plaisir devant le buste gracieux de madame Conneau et deux autres bustes fort ressemblants de la marquise de Cador et du marquis de Lavalette, dus au ciseau de M. de Niewerkerque.

Puis mon premier coup-d'œil s'adresse avec un vif intérêt aux copies que M. Tourny a faites à l'aquarelle de fresques de Michel-Ange et de Raphaël, sur la commande de M. Thiers et de quelques autres amateurs, images bien affaiblies, sans doute, de ces beaux chefs-d'œuvre et de ces grandes figures qui se dressent à la voûte de la Sixtine comme autant de formes sensibles de l'âme humaine! Les procédés qui ont été employés sont si habiles, qu'ils produisent assez d'illusion pour que je me figure participer aux impressions que tu ressens en copiant actuellement l'un des originaux. La Vision d'Ézéchiel m'a surtout frappé au point de vue du rendu. On dirait une figure de l'Apocalypse dans un ciel flamboyant, selon la description du prophète : « Et voici une » représentation d'homme qui paraissait comme du feu, » depuis ses reins en bas, c'était du feu, et depuis ses » reins en haut, c'était comme l'éclat d'un métal em- » brasé. »

A côté, l'artiste a su placer une autre œuvre montrant d'une façon presque inimitable, pressés étroitement dans leur cadre et semblables à des figurines de manuscrit, des bienheureux de Beato Angelico, autrement dit du moine de Fiésole, comme l'appellent certains spécialistes de la critique d'art. Nous sommes en paradis! Leurs têtes contemplatives cerclées d'un nimbe d'or expriment des joies célestes et la suavité d'un idéal religieux que l'artiste puisait alors au milieu de vrais croyants. Avec les sibylles, d'une exécution malheureusement un peu lourde, on a la vision du passé et de l'avenir, et l'on entend les plaintes, les gémissements de l'Italie esclave. De telles commandes vaudront, je l'espère, cette fois à bon droit, quelques indulgences à M. Thiers. Que dire des chefs-d'œuvre eux-mêmes quand de simples reproductions suffisent à réveiller ce souvenir ? Je retrouve à cette exposition le beau dessin de M. Soumy, relatif à la création de l'homme, par Michel-Ange.

M. Dien a reproduit les sibylles de Raphaël.

DESSINS.

De ces copistes si ingénieux, j'arrive à M. Bida, dont tu connais l'œuvre, et qui s'est dépassé cette année, sans avoir recours, me semble-t-il, à des détails minutieux d'exécution; il paraît avoir tout dessiné plus librement, avec peut-être plus de perfection que jamais. Je ne parle pas seulement de son esquisse au fusain du Massacre des Mamelucks, scène de sang émouvante, où l'artiste a exprimé d'une façon générale le mouvement et le carnage. Il y a un autre dessin, la seule œuvre un peu épique de toutes les peintures ou dessins de l'Exposition. Le texte en est tiré des amours platoniques et oratoires de M. Cousin avec Mme de Longueville. Il s'agit du grand Condé à Rocroy, épisode qui devait traverser de si beaux amours. L'ennemi vient de prendre la fuite! Entouré des étendards, à cheval, le prince offre au dieu des armées les actions de grâce de la victoire; les tambours battent aux champs et les trompettes retentissent! Toute l'armée, le genou en terre, sur plusieurs rangs, enveloppée des dernières lueurs du jour, unit ses prières à celle du grand capitaine. Chacune des figures a un accent tout particulier, un type à elle; blessés et valides, mourants et morts, tout y est réglé avec une ordonnance parfaite. On regarde avec admiration ces guerriers qui sentent courir dans leurs rangs le frisson de la gloire et l'émotion du champ de bataille. Quelques coups de crayon ont suffi pour donner cette vie et cette expression. Certes, je n'ai pas besoin de te vanter le mérite de l'exécution quand ce bout de papier contient une idée rendue avec une vraie grandeur. Comment M. Bida sait-il tirer parti de sujets que tant d'autres rapetissent : tu t'expliqueras facilement ce résultat. *L'Intérieur des femmes arabes* et le *Champ de Booz à Bethléem*, l'un, une scène intime, l'autre, une pastorale, sont des dessins qui sont au moins aussi remarquables que les précédents du même artiste. Sois sûr, cher ami, que je n'exagère rien. Je me mets en garde contre la vivacité de mon sentiment en m'efforçant d'être juste.

Avant d'arriver aux dessins de Doré, qui touchent à un ordre poétique tout à fait moderne, je signalerai quelques autres artistes.

M. Janmot, auteur de cartons religieux et d'une continuation du poème de l'âme, série de dessins qui complètent les peintures exposées en 1855. Cet élève de M. Ingres est doué du sens poétique, et il traduit ses rêveries avec un sentiment élevé et de nobles intentions de style.

Parmi les dessinateurs, l'Orient a encore, outre M. Bida, deux bons interprètes : M. Bellel, qui rend avec beaucoup de vigueur les sites pittoresques de l'Algérie. Puis Pasini, dont le crayon est à la fois délicat et habile. Notre ami a bien saisi une halte de caravane en Syrie. Tu le sais, il est réellement ému en face des tableaux grandioses du désert. L'Orient l'impressionne, l'enthousiasme! Nous n'avons plus qu'à attendre qu'il soit tout à fait débarrassé des procédés de son maître. Il y marche à grands pas.

Les paysages au fusain de Lalanne ont de belles qualités; l'aspect général des silhouettes révèle une recherche intelligente de la forme et même des intentions de style qui ne demandent qu'à être plus formulées. Cela ne peut tarder.

Les aquarelles si spirituelles, au coloris fin, chatoyant,

de M. Lami, continuent à lutter, imparfaitement sans doute, avec la poésie de Musset, parce qu'elles ne peuvent réaliser que les petits côtés de ce génie.

Je pourrais te nommer d'autres artistes ; mais je me bornerai à constater le succès qu'obtient toujours M. Vidal avec ses Parisiennes si délicatement maniérées, car j'ai hâte d'arriver aux derniers dessins de Doré et à son tableau de cette année, qui est, en quelque sorte, son début en peinture.

II.

PEINTURE.

Jusqu'à présent, cet artiste s'était livré tout à fait à l'aventure aux écarts de son étonnante imagination. En modérant sa facilité, il eût doublé le mérite de sa production, comme le prouvent ses travaux actuels. Une infinité de compositions au jour le jour ont prouvé ce que pouvait faire un talent exubérant, dans lequel la jeunesse et la séve débordent. Cet art de donner la vie à des personnages fictifs, de s'incorporer si profondément à une époque ou à un homme de génie, est basé avant tout, comme tu ne l'ignores pas, sur le plus riche don de la nature, c'est-à-dire sur l'imagination, faculté qui a besoin plus que toute autre de se produire sans excès ou d'être contenue dans son essor. Quoique cet empire sur lui-même ait toujours manqué à Doré, il n'en exerçait pas moins une sorte de fascination sur ceux-mêmes auxquels il ne plaisait pas. Nous deux, par exemple, nous n'étions qu'étonnés, parce que notre goût était sans cesse blessé. Ainsi, la légende du Juif-Errant, qu'il a illustrée, pèche par le personnage principal, dont le type est exagéré. Doré y a bien indiqué ce fantastique né des ombres de la nuit ou des clartés confuses du crépuscule qui transforme les objets en êtres agissants, leur donne une physionomie, un accent terrible; les branches des arbres deviennent des bras qui s'agitent; les bruits du vent et autres sonorités de la campagne des voix de spectres qui retentissent dans le lointain. Ce qu'on a vu déjà, ce qui a frappé l'esprit et les sens devient visible en s'exagérant, on y touche presque! Quand la brume enveloppe les objets, l'imagination terrifiée entrevoit un monde nouveau et surnaturel qui sort des entrailles de la terre pour prendre ses ébats à la ronde; c'est là l'origine des superstitions créées par les bruits ou les mouvements de la nature. L'homme naïf et impressionnable ressent un effroi qu'il ne peut vaincre.

LE FANTASTIQUE.

Si tu pouvais voir le Breton du tableau des Lavandières de M. Yan' Dargent poursuivi par les spectres blancs sortis de la brume qui, suivant la ballade, s'élancent après lui, le serrent, l'étreignent jusqu'à ce qu'il expire, tu participerais à l'angoisse, à la terreur de la victime. Le sujet est lucide, la scène dramatique; les formes, nettement accusées, sont du domaine de l'idée plastique, puisqu'elles se rattachent à des choses déjà vues, qu'elles tirent leur origine des réalités du monde des vivants, Ces corps limités prennent seulement dans le fantastique des contours aériens. Chaque arbre est un être qui menace, se dresse contre la victime domptée par l'épouvante ; chaque vapeur est une lavandière armée de son battoir. Elles se multiplient au-dessus de l'eau : rien ne sauvera la victime. J'aime, je l'avoue, ce fantastique, fruit d'un art exceptionnel, très circonscrit, sans doute, en peinture.

La légende du Juif-Errant abonde en pareils tableaux. Tout se dresse contre le maudit des siècles, l'Ahasvérus qui ne peut pleurer et qui marche toujours à travers les bois et les ronces, les terres et les mers. Autour de lui, les arbres, les rochers deviennent des êtres animés, et le Crucifié lui apparaît sans cesse au milieu de la solitude comme un vivant remords. Dans une des scènes de Doré, il marche ainsi sur l'eau, courbant la tête pour ne pas voir ces tableaux horribles. Nous aurions voulu un homme excitant la compassion, personnifiant nos faiblesses et nos souffrances, nous faisant maudire cette implacable malédiction, sorte de réalisation ici-bas du dogme de la damnation et de l'éternité des peines! Qu'a fait l'artiste? Il nous montre un être à part, dont les cheveux sont hérissés comme des branches et la barbe étalée en ramure. L'effet n'eût-il pas grandi si nous avions eu sous les yeux un type humain? Ce sujet, interprété sobrement, avec beaucoup de mesure, sans que rien fût forcé dans les traits et dans la couleur, et idéalisé par un peintre-poète, ne me paraîtrait point déplacé en peinture.

Le fantastique, qui n'est point maladif et un peu incohérent, comme celui de M. Louis Boulanger dans sa *Ronde du Sabbat*, n'est pas un vain mot, mais plutôt une réalité sensible. Au moyen de la gradation de la lumière, des effets de la couleur, en ayant recours au mouvement et au pathétique, le peintre-poëte peut en tirer parti sans faillir. Le monde imaginaire de Rabelais n'est plus du tout du même ordre et me semble rebelle à la conception d'un sujet plastique. Ne seras-tu pas de mon avis? Les personnages de cette épopée mi-burlesque, mi-sérieuse sont des êtres abstraits; ils incarnent symboliquement les passions et les vices de l'humanité, la corruption des cours, l'arbitraire de ceux qui dominent, les vices et les ridicules de l'humanité! On ne peut, suivant moi, détacher les types de cette satire immense pour les faire chair, leur donner des contours. On ne le peut pas, du moins si l'on veut rester à la hauteur de l'idée, de la création du philosophe (1). Allécher la curiosité de la foule en imaginant des figures plus ou moins falotes, ne ressembler à ces types que par le côté grotesque, c'était chose facile pour Doré; mais lutter avec l'idée philosophique en rapetissant sous la forme humaine les masques monstrueux de ces êtres complexes, géants imaginaires créés pour personnifier les infirmités sociales, c'était vouloir échouer. Comment limiter dans des formes précises ce Pantagruel qui, du haut des tours de Notre-Dame, inonde la ville; il en est de même de tous les autres, car je ne cite que le principal type. Je suis étonné que Doré n'ait pas senti qu'il ne pouvait rendre de tout cela que les petits côtés, de façon à ne satisfaire que le public qui n'a point réfléchi à la pensée secrète du grand écrivain. Pour ma part, je n'ai jamais bien goûté cette œuvre du jeune artiste.

(1) Ceci est encore vrai pour l'œuvre de Balzac, du moins à mon sens.

Contrairement au Rabelais, où il n'a pu prendre « que ces follâtries joyeuses hors l'offense de Dieu et du roi, » non moins utiles que délectables, disait le privilége ; sans calculer la portée du premier mot, où il ne pouvait aller au delà d'une certaine gaieté d'esprit confite en mépris des choses fortuites (définition trompeuse et toute superficielle du pantagruélisme, quoiqu'elle soit de Rabelais), Doré me paraît avoir bien choisi en illustrant le Dante, le poëme de l'homme lui-même, où les types sont tout à fait individualisés au lieu d'être généralisés. Là il avait des caractères, des physionomies bien nettes, des êtres humains et dramatiques, au lieu de ces êtres abstraits, de ces monstres de l'esprit dont je t'ai parlé, enfants de la philosophie et de la satire ; chaque figure avait un corps limité, connu, une physionomie à elle. Ne t'étonne donc pas si Doré s'est dépassé lui-même dans ce labeur, s'il a su, en un mot, pénétrer le sens profond et intime, le côté mystérieux de la création du poëte. Ses dessins déjà gravés le prouvent. On voyait les originaux au boulevard cet hiver, et le succès a été réel et mérité. Je ne suis pas suspect envers lui, tu le sais ; longtemps j'ai cru que Doré se noierait de plus en plu dans l'exagération, que son cerveau si abondant était maladif et ne produirait que des curiosités intellectuelles, des toiles brutales et d'une couleur discordante. Je ne méconnaissais pas son individualité ; je la croyais seulement à tel point altérée ou surmenée, qu'elle n'aboutirait jamais à une œuvre comprise avec la mesure de la vraie grandeur. Pourquoi aurais-je persisté dans cette opinion devant le Dante ? Je l'avoue, il y a là-dedans plus qu'une espérance : les dessins sont des œuvres bien formulées qui ont le don d'émouvoir sans blesser le goût. Dans son tableau, je ne vois plus rien de pareil à ce monceau de peintures que tu connais, où l'œil était choqué autant que l'esprit. Une seule, *les Saltimbanques*, quoique touchant à un côté du réalisme qui me répugne, est cependant d'une couleur si vraie, les types ont tant de caractère, qu'elle forme une exception dans les toiles du passé.

Le tableau du Salon actuel donne, on a beau dire, une impression profonde du texte poétique, mais effrayant, qu'il interprète dans l'enfer du Dante. On reprochera tout ce qu'on voudra à l'exécution, on pourra dire avec juste raison que Doré n'a point encore pénétré la science du peintre; que les types des deux personnages principaux, Virgile et Dante, manquent d'accent et de relief; que le modèle des têtes est faible; que la figure du Dante, d'un ensemble de lignes si sévère, tourne à l'oiseau de proie; qu'en un mot, la facture est molle; je ne contesterai rien de ces reproches qui constatent de réels défauts. Au point de vue de la peinture, ce n'est qu'un espoir: au point de vue de l'ampleur et de l'impression, c'est saisissant! L'action du poëme est sous nos yeux, se développant dans un lieu sinistre, dans un cercle polaire où la glace est si épaisse que les damnés sont condamnés à la briser toujours. Virgile et Dante sont entourés « des » ombres plaintives et livides plongées dans la glace jus- » qu'à cette partie du visage où se montre la honte, et » faisant craquer leurs dents comme des becs de cigo- » gnes. » A leurs pieds, Ugolin, qui leur a raconté ses tortures, redonne à sa bouche « un féroce repas; il ronge » de nouveau le misérable crâne de l'archevêque Rug- » gieri. où ses dents, comme celles d'un chien furieux, » entrent jusqu'à l'os. » Si Virgile, le poëte qui était la tendresse même, peut demeurer maintenant impassible, le Florentin, lui, est glacé d'effroi; les damnés se montrent jusqu'à la ceinture, en proie à des tortures qu'indiquent leurs muscles gonflés et leurs contorsions; le dessin de ces corps de chair me semble précis, il est large et mouvementé. Ce qu'il y a de plus incomplet, ce sont les deux types de Virgile et de Dante. Pourtant, je le le répète, cette poésie sombre de l'enfer, cet épouvantail de supplices sorti du dogme catholique, cette image cruelle de la douleur, ces traits, ces caractères divers résultent de l'impression du tableau aussi bien que des dessins, dont plusieurs sont gravés. Cet idéal fantastique et horrible qu'aiment les âmes tourmentées a trouvé à l'Exposition un autre interprète qui, avec une grande toile décorative intitulée *les Prodigalités de l'Arétin*, traitée dans le goût vénitien sur des types modernes, nous montre la scène où les âmes damnées tourbillonnent dans l'air empesté comme des longues spirales de formes humaines.

Il te tarde sans doute que je sorte de ces sphères infernales où s'agitent tant de personnages sinistres, que je retourne au beau qui charme et élève l'esprit en communiquant à l'âme la sérénité; où trouverais-je dans le Salon ces types de beauté résultant du style et de l'invention de la forme? il faudrait aller au boulevard voir la *Source*, du vieux maître de l'art français, Ingres! C'est là qu'on trouve l'imagination voluptueuse et noble du dessin, la note que l'art doit avant tout donner, l'harmonie suprême que réalise un type conçu en ce sens par un grand peintre. Avec Vénus, c'est la beauté qui domine victorieusement, qui éblouit et entraîne: avec la

Source, c'est la beauté modeste qui charme et attire par sa douceur. Quelle invention, quelle délicatesse dans les contours, quelles sinuosités délicieuses produisant l'ampleur et la grâce. Tu le sens, mon cher ami, malgré tant d'hostilités, malgré l'esprit de système et le dédain qu'a secrètement le Gaulois contre ce côté du beau, M. Ingres est un homme qui s'impose; on est forcé de s'incliner devant lui; il a fallu du temps; ceux qui ne le comprennent point encore commencent à se taire; ils se sentent vaincus par l'admiration durable et raisonnée des quelques hommes de goût qui ont cherché à propager un tel langage. Mais à quoi bon insisterais-je sur *la Source*, tu l'as vue déjà avec moi chez M. Duchâtel, en gravissant l'escalier de marbre qui mène à son petit temple. Je vais donc continuer la revue des jeunes artistes de l'Exposition.

III.

PEINTURE DÉCORATIVE ET ÉPIQUE.

On a fait beaucoup de bruit, trop de bruit peut-être pour l'avenir du jeune artiste, autour de deux toiles décoratives imitées en quelque sorte des cartons préparés pour les tapisseries par les maîtres de la Renaissance. Ces deux toiles, intitulées *Concordia* et *Bellum*, n'annoncent jusqu'à présent de la part de l'artiste qu'une grande distinction d'esprit, du goût pour l'élégance, un amour encore un peu vague du beau dans l'art décoratif plutôt que l'art et les études nécessaires pour faire un tableau. L'originalité n'y est point marquée, ni les dons naturels qui l'accompagnent, ni la science qui les complète ; si l'effort de M. de Chavannes n'avait pas été entouré de manifestations trop bruyantes pour être sincères, trop exagérées pour être durables, on serait heureux de souhaiter au peintre la bienvenue, en l'engageant à développer ce qui n'est chez lui que faiblement indiqué. Par malheur, M. de Chavannes, aux yeux de bien des gens et même d'artistes bien doués, qui manquent peut-être de fond, est considéré comme un peintre déjà fait. L'éloge lui arrive avec tant d'excès, que si le jeune artiste ne se connaît pas bien lui-même, de façon à mesurer les périls de ces belles louanges, ce triomphe aura forcément un amer lendemain! L'exemple de tant d'autres, qui étaient peut-être plus robustes, ne nous l'apprend que trop. Si l'on avait signalé plusieurs intentions bonnes dans *Concordia* et dans *Bellum*, en encourageant cet effort tenté peut-être imprudemment, avec trop peu de science acquise, cela eût été plus profitable au nouveau venu. Ces deux toiles décoratives sont une combinaison de réminiscences arrangées avec goût et que l'invention n'a pas suffisamment transformées, soit dans les détails, soit dans l'ensemble. La couleur est presque monochrome, le dessin ne manque pas d'une certaine élégance, mais il n'a point d'originalité et j'y cherche en vain le style. M. Couture n'engendre pas d'ordinaire, parmi ses élèves, ce mode d'interprétation. D'autres côtés intéressent et témoignent de la vive intelligence du jeune peintre ; la distribution heureuse des groupes, l'entente de la composition, le mouvement des figures qui s'enchaînent bien dans la silhouette générale. Si le peintre ne s'affirme pas encore, l'homme qui a arrangé ces décorations est un esprit très délicat ; n'est-ce rien dans ce temps

de vulgarités? *Bellum*, de même que *Concordia*, ren-
ferme une intention épique, ne fût-ce que le mouvement du fond, où est l'armée sur laquelle se détachent
trois guerriers à cheval sonnant des fanfares, les trompettes dirigées vers le ciel! Ce groupe n'est pas neuf sans
doute, mais enfin il est bien placé. Le reste me va beaucoup moins; je ne puis être ému devant un couple de
vieillards, homme et femme, agenouillés près du cadavre
de leur enfant, sur le premier plan. Sous prétexte
d'expression et de pathétique, ces types n'ont qu'une
laideur peu commune; l'ensemble de ce projet a pourtant du mouvement.

La toile de *Concordia* ne choque nullement le regard.
On se plaît même dans ce vallon de la Grèce, baigné
d'une rivière au doux murmure; de tous côtés des groupes d'hommes et de femmes, variés d'attitudes, se livrant
à des occupations diverses, donnent de l'intérêt, de la
grandeur à ce poëme. Au fond, les guerriers domptent
des chevaux indociles dans la prairie, ou se reposent des
fatigues de la guerre; l'un de ces guerriers, assis à
gauche sur le premier plan, est d'un aspect désagréable.
Chacune des femmes concourt à l'élégance et à l'effet en
se livrant à des occupations champêtres; la principale,
debout, vue de dos, est comme la note dominante autour
de laquelle les autres viennent s'unir pour l'harmonie.
Elle a quelque analogie avec les figures qui ornent beaucoup de faïences italiennes; certains types du Primatice,
dans les décorations de Fontainebleau, en les supposant
flasques et décolorées, te donneront une idée de ce qu'a
voulu rendre le peintre. Il est certain qu'il se plaît dans
les hautes sphères de l'art, je gagerais même qu'en
musique il aime les symphonies. Ces deux toiles ont

malheureusement quelque chose de déjà vu, une simi-
litude avec ce qu'on connaît de travaux pareils. M. de
Chavannes avait-il des forces suffisantes pour viser si
haut, s'était-il assez fortifié par le noviciat? N'y a-t-il
pas à craindre qu'en ayant voulu s'affirmer trop tôt, il
n'ait compromis les chances de l'avenir? Je n'oserais, je
l'avoue, trancher ces questions; je souhaite qu'il se per-
fectionne, car il serait pénible d'assister plus tard à son
échec.

IV.

PEINTURE ÉPIQUE OU HÉROÏQUE.

C'est beaucoup, du reste, dans une époque telle que la
nôtre, de chercher des inspirations épiques. Peut-on faire
ce qui n'est pas dans l'esprit de son temps? Il n'est pas
douteux pour moi que le génie n'y puisse réussir. Dans
tous les cas, ceci n'est qu'exceptionnel; aujourd'hui la
grande majorité des artistes y échouerait. Si la peinture
épique ou héroïque, si la peinture de style ne marquent
plus au Salon, aussi bien dans les sujets religieux que
dans les sujets de batailles, doit-on en accuser l'artiste?
Non, assurément; c'est la faute du public dit éclairé,
seul, au bout du compte, apte à goûter l'art. L'heure
n'est pas encore venue pour la masse de se désaltérer à
cette source, car il faut une certaine culture d'esprit et
faire partie d'une véritable aristocratie intellectuelle pour
s'initier à ce langage. L'amour du beau ne peut naître
que dans un esprit en état de faire des comparaisons, ou
qui a du moins le loisir de le tenter. Tout le monde est
apte, il est vrai, à saisir certains traits lumineux du génie,

le *sublime*, en un mot. Le reste est trop mystérieux pour être si facilement pénétré. Mais, me diras-tu, comment se fait-il que l'artiste ne s'enthousiasme point quand, tout récemment encore, de grandes épopées se passaient sous ses yeux et qu'il pouvait y trouver (par exemple, le peintre de batailles) l'élément du beau et même du sublime, chose rare. Rien n'est plus vrai, sans doute. L'héroïsme n'est pas mort ! la loyauté, l'esprit de sacrifice, le dévouement à la patrie, l'ardeur même chevaleresque ne sont pas encore de vains mots; leur signification est quelque part; il est étrange que tout cela reste comme non avenu. Ici, l'instinct guerrier des peuples, là, l'impatience de la servitude, savent engendrer ces vertus. Seulement, le milieu social qui les prodiguait autrefois en est maintenant avare. C'est avec tristesse qu'on tourne le regard vers les hommes que la nature avait si bien doués pour propager les lumières. En les voyant asservis à leur vanité, on se demande où est leur foi! L'égoïsme seul remplit le vide de leur cœur, et ils ont toutes les impatiences, toutes les tactiques, même, au besoin, toutes les haines de l'ambition déçue. Tout ce qu'il y a de grand dans les nobles passions de l'âme s'est voilé pour eux puisqu'ils accordent leur patronage à ceux qui osent écrire qu'un grand homme a pu mourir avec le repentir de ses vertus! L'artiste est complétement à la disposition de ce public blasé qui se roule dans un courant de bassesses et de platitudes. Si les notions du vrai et du beau sont troublées dans le cerveau le plus lucide, si la justice et les droits que donne la nature sont méconnus par de grands docteurs, il est évident qu'il est presque impossible à l'artiste tout à fait désorienté de trouver les grandes inspirations.

V.

PEINTURE DE BATAILLES.

Le peintre de batailles a donc perdu l'équilibre avec le public actuel, il oscille sans cesse et doute de sa propre foi. Étaient-ils assez fiers, assez hardis, ces soldats qui ont marché en vainqueurs aux grandes guerres! Leur courage grandissait avec les difficultés, chaque homme était lui-même à la fois l'instrument de la stratégie et le héros de sa propre situation en face de l'ennemi. Pourtant une sorte d'ironie accueillait pour ainsi dire leurs exploits; si l'on n'osait exprimer tout haut sans doute la déception que causaient leurs triomphes, tout bas, dans les replis cachés de l'âme, on murmurait secrètement je ne sais quel stérile regret. Vois-tu l'anxiété d'un peintre de batailles obligé de nous représenter ces victoires? Il hésite nécessairement, il tourne la question, il choisit les effets pittoresques au lieu de chercher la grande forme épique, qui serait inintelligible pour ces âmes blasées de nos grandes passions. L'un, M. Yvon, a du talent sans doute, mais il se borne à faire des parades d'une grande dimension, des panoramas perfectionnés d'un genre presque trivial; l'autre, M. Pils, plus peintre, exerce ses facultés sans chaleur, sans élan, sans émotion, il traite avec une supériorité réelle des épisodes, des détails, sans s'élever à la conception, il se borne à mettre de l'exactitude, de la vérité dans le rendu, sans saisir la pensée qui a fait la guerre, l'idée générale qui eût donné l'accent, le souffle, la grandeur à sa toile; celui-ci, M. Bellangé.

choisit les petits côtés anecdotiques; traite le tout avec
une exécution où l'on sent l'expérience et le travail; celui-là, M. Beaucé, habilement ingénieux dans les détails,
sait disposer les divers groupes dans le sens pittoresque
ou stratégique et exciter ainsi l'intérêt. Mais Gros, et
même M. Horace Vernet, n'ont pas de successeurs! A
côté de ces nouveaux peintres, Protais, avec de nobles
aspirations d'artiste, cherche l'homme dans le soldat, se
réfugie en quelque sorte dans l'interprétation de l'indi-
vidu. Aussi bien qu'une autre toile, sa *Bataille de Magenta*
nous rend l'effet terrible de la mêlée. Mais les autres sujets sont tout à fait intimes. Au dernier Salon, c'était un
soldat isolé, agonisant, éclairé par les dernières lueurs
du jour, qui priait Dieu. Dans ses tableaux du moment,
une sentinelle perdue veille d'un côté sur le sort de l'armée au repos; ailleurs, un moribond se traîne vers son
camarade pour le secourir, ou bien des soldats brisés de
fatigue rentrent vers le soir, soutenus par le courage
moral. Ces scènes touchent et intéressent.

D'autres, MM. Armand Dumaresq, Devilly, de Neu-
ville, Gluck, et Paternostre dépensent beaucoup de
talent. Aucun n'ose viser à l'accent épique. Nous
avons déjà vu que M. Bida, en se reportant au passé,
avait pu seul trouver ce genre d'inspiration. Comment
voudrais-tu qu'il en fût autrement, quand on comprend
si peu la signification grandiose, héroïque des événe-
ments qui se sont passés autour de nous? Une tentative
en ce sens serait trop périlleuse.

VI

PEINTURE RELIGIEUSE.

Ce que je viens de te dire des batailles, je puis l'appliquer à plus forte raison aux sujets religieux. Comme on ne voit plus guère que les choses de la terre, en prononçant les formules incomprises des choses divines; comme la crainte de Dieu est sur les lèvres et non dans le cœur, que la foi n'est plus pour la plupart qu'un vain mot et un prétexte d'intrigues, l'artiste ne peut davantage trouver l'inspiration en ce genre. L'esprit public l'éteint au lieu de le grandir. Ne crois pas que je m'amuse à charger ce tableau de couleurs fausses! Sans exagération, si c'était ici la place, je pourrais tout à fait les assombrir! Il me suffit d'avoir cherché avec toi la pensée qui fait les chefs-d'œuvre, le milieu seulement où ils peuvent se produire. Ne nous étonnons donc pas si l'artiste ne sait plus, c'est le mot, *à quel saint se vouer.*

Vois de tous côtés les peintres religieux! les plus expérimentés se réfugient dans le drame humain et désertent le terrain de la foi!

En visitant les chapelles décorées par les peintres en renom, j'ai pu constater cela de tous côtés. Ceux qui s'éloignent de ce mode d'interprétation n'y ajoutent pas davantage un sentiment personnel; ils se bornent à profiter de leur science pour remonter aux traditions florentines. M. H. Flandrin, qui jouit d'une solide renommée comme peintre religieux autant que comme portraitiste, a fait avec un grand talent une sorte de compromis en-

tre ses souvenirs et la direction que lui a imprimée son
maître. Les peintures de Saint-Vincent-de-Paul, Saint-
Germain-des-Prés ont l'avantage de bien s'incorporer au
monument, de prêter heureusement à un effet décoratif.
Tu y chercherais en vain la ferveur et l'enthousiasme ;
toutes les têtes ont un peu l'air d'avoir été coulées dans
le même moule. La supériorité du talent y est manifeste ;
mais la chaleur, l'expression y manquent. Comment se
fait-il que l'admirable figure du *Saint Symphorien* de
M. Ingres ne lui ait pas révélé tout un art nouveau. Le
disciple est certes un peintre dont je me garderais bien
de contester le haut mérite. Les beaux portraits du Salon,
celui du prince Napoléon, de M. Walewski, et deux autres, quoique conçus d'une façon un peu monotone, puisque tous les personnages, quel que soit leur caractère,
quelle que soit leur physionomie, conservent toujours la
même attitude, la même allure, ont cet immense avantage sur tous ceux des autres peintres d'être beaux de
dessin, fins de modelé, et de traduire, en l'affaiblissant,
il est vrai, le système de M. Ingres. Celui-ci est vraiment
le maître, parce qu'il trouve le style en marquant d'une
ineffaçable empreinte le type de l'homme qu'il veut représenter. Son pinceau est si souple, que s'il ne cherche pas
à être coloriste, sa couleur est du moins harmonieuse,
en rapport avec son mode d'interprétation. A cet égard,
M. H. Flandrin a su bien suivre ses traces ; il a eu ce
genre de succès particulier qu'en vulgarisant les procédés de M. Ingres, il a été plus réellement goûté que celui-ci de tous les gens qui désirent garder leur *portrai-
ture* et se mirer dans leur propre image. Après M. H.
Flandrin, il faut citer comme s'occupant de travaux religieux, peintures murales ou tableaux : MM. Hesse, Ma-

tout, Pichon, Timbal, Lenepveu, Richomme, Janmot, qui
a fait les quatre grands prophètes, les cartons de tympans
de la coupole d'une église de Lyon. Enfin, parmi les jeunes artistes, Meynier, qui promet d'être un peintre fort
intéressant. Sa composition de *Saint Paul ressuscitant
un jeune homme* est heureusement disposée et largement
comprise; le dessin est correct et élégant; ses deux
grands tableaux sont du reste fatigués, cette année, au
point de vue de l'exécution. L'artiste produira plus librement, et nous le retrouverons avec un vif intérêt au prochain Salon.

Si dans le cadre restreint d'une correspondance, je pouvais m'étendre davantage, je saisirais cette occasion de
te décrire les travaux importants exécutés par Matout à
la chapelle de l'hôpital Lariboisière ; la composition en
est remarquable. La partie supérieure comprenant *l'Ado-
ration des bergers, la Mort du Christ, Marthe et Marie*
étendues au pied de la croix, intéresse de toute façon.
La Pieta exprime la douleur de la mère devant le corps
du Christ, c'est le verset du *Stabat* interprété dans le
sens humain. Matout a cherché comme tant d'autres une
philosophie chrétienne qui sera probablement la religion
de l'avenir. Ces travaux manifestent une volonté persé-
vérante, l'amour élevé de l'art, l'expression d'un sentiment naïf rare de notre temps, à tel point qu'on le confond quelquefois avec la gaucherie. Les tendances du
peintre le portent à se priver trop des séductions du pinceau, ce qui lui nuit dans les travaux d'un autre ordre ;
mais dans la peinture murale, ces moyens austères, employés du reste avec délicatesse, sont en harmonie avec
le sujet. Le poëte et le critique Théophile Gautier, le
maître de tous, a fait de belles études sur les travaux de

Matout, au *Moniteur*, dans l'*Artiste* et dans la *Gazette des Beaux-Arts*. Tu te consoleras, en les lisant, de ce que je reste court sur ce sujet. Les tableaux de chevalet ne vont pas aussi bien à la manière de Matout; son tableau *Riche et Pauvre*, d'une si haute portée morale, est du reste, si défavorablement exposé qu'on n'en voit que les défauts. Dans les portions qu'on peut entrevoir, il est facile d'apprécier les belles recherches auxquelles vise le peintre. Le public (j'y comprends même beaucoup d'artistes) n'est guère sensible qu'aux qualités superficielles, il ne s'attache pas assez aux qualités correctes du dessin. M. Richomme fait des efforts pour trouver la bonne voie; je me permettrai seulement de lui reprocher d'avoir affaibli les grâces de son modèle en faisant un portrait de femme dans laquelle j'ai cru reconnaître une personne dont le charme et les perfections devaient mieux l'inspirer. Tu partagerais mon étonnement si tu avais vu comme moi le modèle.

Pour conclure sur le sujet des peintures religieuses, je dirai en bloc que ceux qui réussissent cherchent tout autre mobile que la croyance si affaiblie de nos jours. Au milieu de cet égarement de quelques âmes pieuses qui va jusqu'à la démence, de ces polémiques du fanatisme qui cachent des dévouements serviles, il est impossible, je le répète, de s'élever à l'épopée évangélique, de s'attendrir sur le Christ, qu'on attacherait encore au gibet, s'il ressuscitait de nos jours pour affranchir les esclaves. La religion de beaucoup de femmes est mêlée d'un alliage si impur qu'elles me font l'effet de ces Romains de la décadence, qui servaient d'appât aux politiques du temps pour réunir quelques soutiens autour du paganisme ébranlé. On mêle trop aux prières saintes la

pensée des choses profanes. La virginité de Marie est ex-
primée par des types d'un art vulgaire employés à la décoration de nos églises, types dont les formes banales ou
mondaines nous montrent l'ivresse des sens étouffant les
voluptés de l'âme. Il ne s'agit plus ici du mérite de l'exécution, dans cet art accommodé aux désirs frivoles de
notre société. La plus informe statuette pendue aux por-
ches de nos cathédrales gothiques vaut mieux, à ce point
de vue, que toute la sculpture religieuse de l'Exposition.
La peinture byzantine la plus naïve rayonne de plus de
foi et de ferveur que toutes les peintures dites religieuses. Je souriais ces jours-ci, en lisant un critique de la
secte qui dirige depuis quelques années le catholicisme.
Il enflait la voix, s'attristait à grand renfort de lamenta-
tions de voir si peu de zèle pour ses dieux. Hélas! à qui
la faute? le talent abonde de tous côtés, on est habile
dans les pastiches ou bien l'on interprète le drame humain; mais la vie de l'infini est si oubliée, que l'épopée
divine est incomprise aussi bien que l'épopée guer-
rière!

VII.

L'ART PAÏEN.

Tu as lu comme moi dans Vasari, qu'au quatorzième
siècle, quand on apporta à Pise le bas-relief de la *Chasse
de Méléagre*, les Pisans furent tellement émerveillés en
voyant « des nus et des draperies d'un dessin parfait et
d'une exécution merveilleuse, » qu'ils en décorèrent la
façade de leur cathédrale près de la porte principale;

dès ce jour, l'affranchissement des formules de l'art byzantin tenté par Cimabue et Giotto fut définitif. Les premiers peintres florentins furent assez heureux pour s'en inspirer dans leurs fresques les plus mystiques ; ils y gagnèrent une liberté de mouvement, une allure qui transportait d'admiration ce peuple italien si merveilleusement doué. Ce peuple a pourtant affirmé pendant plusieurs siècles son unité dans les arts et dans les œuvres de l'esprit, avant de pouvoir la faire consacrer dans l'ordre politique. Le seizième siècle fut l'apogée, et la beauté païenne rayonna sous les voûtes des temples, s'unissant dans un harmonieux accord avec le souffle de la vie de l'âme : la Grèce ressuscitait dans une union mystique avec le monde moderne ; l'art trouva les premières formules qui ont rapproché le monde chrétien du monde païen. Quand je parcours aujourd'hui ces longues galeries où sont entassées quatre mille œuvres, je cherche de tous côtés le mot de cette alliance, c'est-à-dire le beau dans le sens divin de la forme. Nous l'avons trouvé dans quelques statues du Salon, dans la *Source* de M. Ingres. Y a-t-il encore, outre la tentative désespérée de M. de Chavannes, des peintres qui affirment cette tendance. Le beau pittoresque n'est-il pas le seul où nos artistes aient conservé une supériorité réelle ? Il est incontestable qu'en ce moment on ne s'approche plus de ce foyer si lumineux de l'art païen et de la Renaissance, où l'artiste a été tant de fois ravir une étincelle. C'est à peine si quelques hommes de talent font de temps en temps quelques essais heureux pour éveiller en nous des idées de beauté au moyen de créations de cet ordre. Quelques-uns, qui sont pourtant des élèves de Rome, comme M. Clément, sont affriandés par des chairs palpitantes, et ce réalisme d'un nouveau genre, qui montre une nudité sollicitant les appétits, une Vénus bourgeoise aux contours banals, excite l'admiration de quelques-uns ; l'esprit n'a aucune part à cette impression. Ce corps de chair peu ragoûtant, peint par un homme puissamment matériel, M. Courbet, par exemple, eût eu une signification qu'il n'a pas. C'est une femme romaine endormie ; ne la rencontre pas à Rome.

M. Cabanel est l'un de ceux qui restent fidèles à cette recherche si noble de l'idéal païen ; le succès accueille cette année son effort. Son tableau d'une *Nymphe enlevée par un faune* est un groupe infiniment agréable, d'une couleur qui séduit même la foule. Le satyre a saisi et étreint la nymphe, dont le corps nu se développe de face mollement et sans une sérieuse résistance, la tête rejetée en arrière, les cheveux épars. Le satyre vu de profil se rapproche des types antiques ; les muscles du corps se tendent ; l'expression du visage n'a rien de trop accusée. La scène est conçue à un point de vue purement plastique. M. Cabanel s'est arrêté juste au moment où l'œuvre aurait perdu sa noblesse ; c'était là l'écueil ; l'idée de beauté voluptueuse est bien indiquée dans ce groupe. L'Académie en voyant ce succès du peintre, qui joint à cette œuvre plusieurs portraits, deux de femmes et l'autre de M. Rouher, plus deux petits tableaux, doit se repentir d'avoir abandonné au dernier moment la candidature d'un jeune homme d'infiniment de talent qui a le le culte de la tradition et l'amour de son art. Le petit tableau de M. Cabanel, intitulé *Un Poète florentin*, représente un groupe de plusieurs figures italiennes de l'époque écoutant la poésie ; ce tableau est dans ce genre l'un des mieux réussis que j'aie vus du peintre. C'est une scène des mœurs italiennes de cette époque, où l'on avait de l'enthousiasme soit pour un beau tableau, soit pour un beau poëme. M. Cabanel ne pense-t-il pas comme moi que sa Marie-Madeleine est une femme qui n'a pas renoncé à toutes les joies terrestres. Je ne lui ferai pas une mauvaise querelle, c'est sans doute cela qu'il a voulu faire. On doit donc le féliciter sur son succès. L'Académie fera son acte de contrition et nous aurons bientôt un académicien de plus. Galetti, qui fait un salon drôlatique après avoir envoyé à l'Exposition un débarquement de LL. MM. à Villafranca interprété dans le sens purement pittoresque, a fait deux charges assez bonnes en rapprochant le tableau de la nymphe de M. Cabanel, de celui d'une chrétienne, de M. Cermak, enlevée en Turquie. Son corps nu se tord violemment sous la pression du ravisseur : « par la violence, par la douceur, » dit le caricaturiste en chargeant les deux types.

M. Mazerolle a beaucoup osé cette fois ; c'est moins la grâce que la force qui caractérise généralement ce qu'il tente ; tu t'en es aperçu toi-même aux derniers salons avec sa *Frédégonde* et l'esclave empoisonné qui se tord dans les souffrances sous les yeux de Néron. Il y a excès, exagération, quelquefois de l'enflure dans la façon dont ce jeune peintre rend son idéal ; mais on voit qu'il s'est fortifié par les études de l'atelier, que les conseils de de M. Gleyre ne lui ont pas été inutiles. Il peut développer un torse, le modeler, lui donner la vie et le relief. Ce qui lui manque encore dans les grandes compositions, c'est de savoir se régler, se contenir, ne pas dépasser le but, simplifier les détails et interpréter surtout ce qui se prête à l'idée plastique sans avoir besoin d'un texte explicatif. La peinture n'est faite évidemment que pour les idées bien définies et qui s'inscrivent d'elles-mêmes dans la forme; elle peut être appropriée à quelques légendes pieuses ou historiques qui sont dans la mémoire de tous; le danger est d'étendre cela aux logogriphes de de l'histoire ou aux faits ignorés qui n'ont aucun intérêt pour le spectateur. Un sujet romain séduit de préférence Mazerolle, parce que l'idée du beau qui s'éveille quand on prononce le nom de Rome, réside dans le caractère, la force, l'ampleur! La femme qui implore de Vespasien la grâce du Gaulois son époux devrait pourtant être remarquée; elle a du mouvement et les qualités que j'ai essayé de définir. Si le tableau eût été mieux exposé, il eût gagné beaucoup, quoique la couleur manque peut-être de l'attrait qui était nécessaire dans un sujet si caractérisé. Mazerolle sait pourtant être délicat. Tu verras un jour chez le comte de G... une frise en quatre parties dont le premier spécimen est *Diogène cherchant un homme* suivi de folles Athéniennes; c'est charmant de dessin, de couleur, d'intention dans l'arrangement des groupes, la disposition des personnages. Le peintre excelle, du reste, dans l'art décoratif; son pinceau, qui est parfois trop brutal dans les sujets d'histoire, devient là d'une légèreté qui séduit. Sa *Vénus caressant l'Amour* est une sorte de grand panneau décoratif, une figure vraiment puissante; le haut du corps est d'un dessin plus idéal, mais la partie inférieure, comme l'a remarqué un jeune compositeur musical, n'appartient plus au type de la déesse.

Dans son plafond de l'Amour et de Psyché, M. Lévy a trouvé l'effet général de son sujet au moyen de la couleur, d'une façon assez séduisante; il a l'entente de l'art décoratif. Je regrette de ne pouvoir en dire autant du dessin, au moins du dessin de détail, car certaines silhouettes, qui sont d'une grande élégance, pèchent à bien des points de vue; sa Psyché surtout laisse à désirer. Par ci, par là, d'autres détails choquent, mais je les laisse de côté pour ne te dire que du bien d'un homme que tu aimes.

M. Faure à un portrait de jeune femme qui est noblement disposé comme arrangement; c'est un des bons portraits du Salon. Les *trois Grâces élevant Cupidon* sont certainement agréables; le temple de l'amour est tout près; elles pourraient y entrer, nous les y suivrions sans peine. Je me plains pourtant que leur forme soit maniérée, et que ces femmes nues soient d'un modelé à peine indiqué; l'œil, je le répète, est satisfait de la grâce des contours, mais on ne se passionne pas. M. Faure a, du reste, prouvé qu'il était un homme de volonté; certainement il acquerra ce qui lui manque.

VIII.

PEINTRES dits NÉO-GRECS.

Entre ceux qui demandent à l'antiquité l'idéal propre à émouvoir l'âme, et ceux qui lui prêtent des mœurs de convention pour aider aux raffinements de leur poésie maniérée, M. Gérôme sert de lien et de transition. Ce jeune peintre, dont il serait puéril de vouloir contester la supériorité, s'est quelquefois élevé aux hautes sphères de l'art, par exemple dans sa toile du *Siècle d'Auguste.* Est-il besoin, en outre, de remonter au *Combat de coqs,* tant célébré par l'Athénien Théophile Gautier, pour constater que plu-

sieurs autres tableaux ont eu un succès mérité. Ainsi
tu te rappelles le *Chœur des soldats russes*, le *Roi Candaule* et le *Cirque où les gladiateurs avant de mourir
saluaient César*. Je ne m'associais pas du tout à l'avis de
ceux qui prétendaient que ce cirque, si bien restitué,
n'était qu'un étalage de fausse archéologie. Tous les détails étaient si bien compris et si bien combinés au point
de vue de l'effet, qu'il était impossible à un esprit consciencieux de ne pas applaudir à la tentative de l'artiste.
Nous convenions tous deux qu'il tirait son mérite de lui-
même en donnant à ses toiles une saveur particulière.

Nous goûtions le côté précieux de son exécution, son
dessin précis et fin, son modelé bien accentué et sa couleur souvent délicate. L'esprit déployé dans le *Chœur
des soldats russes* était vraiment de bon aloi et mettait
en relief ce côté des mœurs d'un grand peuple. A ce
titre, ce tableau de genre méritait l'intérêt. Le *Hache-
paille égyptien* de cette année est un spécimen qui a
beaucoup de rapport comme facture avec cette œuvre,
tandis que le *Rembrandt* se rapproche de quelques peintures flamandes, luisantes, lisses à la surface, à peu
près dépourvues des finesses du modelé. Dans la *Femme
du roi Candaule*, le peintre montrait un défaut qui lui
est habituel; la forme était grêle, mince, d'un modelé
sec et même dur. Le *Hache-paille* nous prouve que
M. Gérôme a pu enfin épurer ses souvenirs d'Égypte et
qu'il est apte maintenant à résumer ses impressions.
Cela dit, je suis forcé d'avouer que les critiques bril-
lantes, dirigées peut-être trop à outrance contre les sujets exposés cette année, sont fondées à beaucoup de
points de vue. Seulement, je suis sûr que le peintre n'a
pas livré de beaux textes antiques à un mode d'inter-

prétation piquant et égrillard avec l'intention de flatter les instincts du public, ou du moins, contrairement à ce qu'on a fait entendre, il n'a été guidé par aucun désir de lucre. La bonne renommée de l'homme dans le groupe de ses amis, qui sont bien loin d'être, comme on le voit tant ailleurs, ses ennemis intimes, son caractère bien connu de tous, prouve qu'il n'a cédé cette fois, comme dans ses autres erreurs, qu'à un caprice, à une sorte de boutade fantaisiste. Qui peut s'étonner de cela? M. Gérôme se laisse aller, comme presque tout le monde, aux entraînements irréfléchis de la bonne fortune. Il n'y a pas de mauvais calcul là-dedans. Le danger de ses erreurs actuelles me paraît résider surtout dans l'influence que son talent exerce. Rien n'est donc plus légitime que de les signaler, pourvu qu'on ne méconnaisse pas, dans une telle critique, l'individualité du peintre bien autrement nette que celle de M. Delaroche, son maître. Agir avec violence, c'est compromettre la portée de l'attaque et ôter toute autorité à un conseil. Il fallait donc signaler que Phryné n'avait pu montrer aucune des fausses pudeurs d'une Parisienne aux formes provocantes, reluquée par un aréopage burlesque et lascif; qu'elle couvrait son beau corps d'une tunique étroite, très sévèrement agrafée, ce qui lui donnait l'extérieur noble d'une déesse; qu'en un mot la belle hétaïre, fière de son charme et de ses séductions, n'aurait point assurément caché son visage avec le coude d'une façon aussi niaise devant les Grecs qui honoraient la beauté comme un signe de l'harmonie divine. On sait qu'Apelles, la voyant se baigner sur les bords de la mer, la chevelure dénouée, s'en inspira pour concevoir sa Vénus Anadyomène.

Pour qui connaît les mœurs des hétaïres, il n'est pas

douteux que ces courtisanes étaient des femmes libres, assimilées intellectuellement à l'homme, qui relevaient l'abandon de leur corps par la culture de l'esprit. Donc, par le même motif, Aspasie ne pouvait, pas plus que Phryné, ressembler en rien aux dames de Breda-Street et donner à son corps une allure licencieuse devant le sage qui venait un instant chez la courtisane unir, dans une sorte d'idéal, sa grandeur morale aux séductions et à la puissance de la beauté. Ni l'hétaïre, ni ses femmes, ni Alcibiade n'auraient pu parvenir à séduire un tel homme. J'admets que les intérieurs, la terrasse et le jardin soient bien les lieux de la scène, mais les divers types qui y figurent sont mesquins, sans caractère ou pleins de séductions lascives. Quant aux augures, évidemment ils ne se déboutonnaient pas avec le laisser-aller trivial d'Henri Monnier. Ces défauts, ces erreurs blessent évidemment le goût ainsi que la tradition, et la vue en est pénible. A propos du tableau de Rachel, je ferai pourtant une réserve sur ce qui a été dit par d'autres. Si le corps est tordu, sans grandeur et sans style, la tête me paraît, au contraire, quoique le modelé en soit dur, être non-seulement ressemblante, mais porter l'empreinte de l'inspiration de la tragédienne. Nulle part la physionomie de Rachel n'a été si fidèlement rendue !

M. G. Boulanger sait reproduire habilement des intérieurs grecs. Son *Atrium* de la maison grecque du prince Napoléon, le jour d'une répétition dramatique, ne manque pas de piquant pour la curiosité. A cette médaille il y a un revers. Si tu pouvais contempler un groupe d'*Hercule et d'Omphale*, géants musculeux des deux sexes, que ce peintre a créés dans un moment d'hallucination, tu songerais involontairement au géant du boulevard du Tem-

ple, qu'exhibe tous les soirs l'excellent Robert au public
ébahi !

Il ne faut pas être *roi de Béotie* pour aimer Hamon,
si j'en juge au moins par les mauvaises querelles qu'on
lui fait sur les prétendus rébus qu'imagine son pinceau.
On se tord sans doute l'esprit en allant chercher bien
loin ce que l'artiste a voulu exprimer naïvement. Que
de phrases perdues sur cet *Escamoteur*, tableau en
forme de frise ; chacun s'escrime à trouver un sens dif-
férent que celui indiqué par le texte si précis du livret,
qui l'explique ainsi : *Quart-d'heure de Rabelais*. L'escamoteur vient en effet de distraire son public, au moment
où la vieille qui occupe le milieu tend son tambour ;
chacun s'est dispersé et affecte d'être distrait par une
occupation tout autre. Un groupe de femmes très gracieuses résiste seul près de la boutique en plein vent ;
les uns regardent vers les astres ; d'autres, des écoliers,
rentrent à l'école sous l'œil du pédagogue. Y a-t-il rien de
plus simple et de plus favorable au peintre pour varier
les attitudes, les ajustements dans une frise ? Hamon veut
prouver, par ces spécimens, aux femmes qui sont char-
mées par ses œuvres, que son pinceau saurait décorer
avec une rare élégance ces logis qu'elles encombrent de
tant d'objets de mauvais goût. Prenez-moi comme décorateur, semble-t-il leur dire, et j'animerai vos panneaux
ou vos frises, dorées avec tant de mauvais goût, de
sujets comme ma *Comédie humaine*, mon *Escamoteur*,
ma *Jeune fille au tuteur*, ma *Jeune fille aux oiseaux* ;
appelez-moi donc : aux grâces de mon pinceau, je join-
drai la vivacité originale de mon *humour*. Voyez ces
fleurs, dans mon tableau, ne sont-elles pas fraîches et
brillamment colorées, délicates comme des arabesques ?

N'avez-vous pas vu mes grisailles du boulevard; tout cela était-il banal et à dédaigner? Quoi! vous vous engouez de tant d'autres qui manquent d'atticisme! leurs séductions frelatées ne vous répugnent pas et vous vous plaignez quelquefois de mon art, qui est du moins toujours chaste, s'il a parfois trop de coquetterie? On parle de peintres qui savent copier des étoffes dans un sens réaliste, voyez les miennes, dont le miroitement délicat charme si agréablement l'œil. Mon idéal, c'est la poésie de l'élégance et le balancement délicat des lignes et des formes. J'ai de l'invention comme un Athénien des plus raffinés et pourtant je suis un Breton, tout ce qu'il y a de plus bretonnant. Est-il possible de tenir un autre langage que celui-ci devant les gracieuses rêveries d'Hamon, que son pinceau traduit avec un art si exquis. Je lui prête des idées qui lui viennent sans doute souvent. Hamon serait un décorateur des plus séduisants, c'est pour cela que je voudrais voir Sèvres profiter de sa collaboration. Sèvres, sous la direction d'Hamon, prendrait de la physionomie, de l'originalité. Si jamais peintre connu sembla créé et mis au monde pour décorer tout le Paris nouveau, c'est assurément celui-là. On préfère d'habitude employer ses imitateurs, et quels imitateurs! Pour ma part, j'espère qu'enfin l'on reconnaîtra qu'un éventail, un vase, un appartement, décorés sous la direction d'Hamon, seraient des joyaux de prix, car personne n'est plus original, plus lui-même que le peintre de *Ma sœur n'y est pas* et de *la Sœur aînée*. M. Aubert comprend aussi les élégances de la forme en donnant la main à la réalité. Sa *Jeune fille rêveuse*, du Salon dernier, sa *Confidence*, du Salon actuel, sont des morceaux très intéressants. Cet artiste réussit également dans le portrait. Avec des efforts et de la volonté il atteindra tout à fait le style.

MM. Picou, Schutzenberger, Toulmouche, avec ses intérieurs élégants, Humbert, Froment, imitent de près ou de loin la manière d'Hamon.

IX.

PEINTURE D'HISTOIRE.

—

PORTRAITS.

Avec M. Baudry, je retourne à l'ordre d'idées que j'ai interrompu en causant avec toi de la fantaisie. Ce peintre, d'un si grand talent, avait commencé par interpréter le beau dans ses grâces robustes. Son pastiche de la *Fortune*, si admirablement imité des maîtres de la Renaissance, indiquait assez, ne fût-ce que par la couleur, quelle serait la personnalité de cet artiste, l'un des meilleurs qu'ait produits depuis quelques années l'école de Rome. Peu d'hommes à leurs débuts, alors qu'on imite toujours quelqu'un, s'impressionnent plus agréablement de leurs modèles que ne l'a fait M. Baudry dans cette toile si exquise. Ce n'était qu'un pastiche ; j'en voudrais souvent comme celui-là pour remplacer, par exemple, les pastiches boursouflés de M. Bouguereau. Quand on songe que David a imité Boucher, on ne peut trouver dans un fait semblable une raison suffisante pour nier l'individualité d'un nouveau venu. Depuis ce début et sa-

Vestale, M. Baudry, en véritable Parisien, a penché un instant vers une forme plus efféminée et un coloris moins sévère. Néanmoins, les fantaisies mythologiques de sa *Vénus à la toilette*, de sa *Léda*, avaient encore des senteurs amoureuses que nul autre peintre ne peut donner. Je parle des nouveaux! Loin de faiblir, comme on l'a dit à tort, il s'est épanoui librement suivant la loi de son organisation. Qu'on ne lui demande pas des Madeleines repenties, c'est un homme qui ne doit aimer que les douces pécheresses. Aujourd'hui il a touché aux sujets sévères de l'histoire, et s'il n'a pas tout à fait réussi, je souhaite à beaucoup d'artistes présomptueux qui le contestent d'échouer de cette façon-là. Certes il n'est pas parfait; on peut lui reprocher de ne pas s'élever complétement au style, et je sens d'instinct qu'il emploie dans ses procédés comme peintre des moyens artificiels qui lui enlèvent la sévérité. Où trouver pourtant au Salon plus de précision dans le dessin, de charme dans la couleur que dans les deux esquisses des panneaux décoratifs de *Cybèle* et d'*Amphitrite*. Puisque j'ai prononcé déjà le grand nom de David, il m'est facile d'arriver à la *Charlotte Corday*, qui, inspirée d'un livre de M. Michelet, a soulevé des débats bien contradictoires. En somme, je crois que les œuvres diverses du peintre étant le produit d'une touche qui a beaucoup de délicatesse et de moelleux, auraient eu besoin d'un éclairage plus doux, comme l'a dit About. Exposer au Palais de l'Industrie, c'était en vérité pour M. Baudry exposer en pleine rue. Malgré tout, ce grand drame de Marat n'est pas une imitation de celui de David; le personnage, ici, c'est l'héroïne! Rejetée violemment en arrière, la main encore crispée de l'acte qu'elle vient de commettre, sa physionomie exprime sans grimace une certaine agitation intérieure; on a trouvé la pose théâtrale; à mon avis, elle n'a rien que de très naturel dans un moment aussi terrible. Dans ce mouvement du corps, dans cette physionomie si belle, il y a plus qu'une intention, il y a le type d'un caractère noble qui me paraît personnifier, d'une façon émouvante pour le spectateur, la jeune fille virile douée des grâces de la femme qui eut le courage de risquer ce glorieux forfait. L'âme du grand Corneille vint s'unir dans ce but au cœur de la vierge! Sans doute on peut s'attacher à des détails d'exécution, reprocher justement à M. Baudry d'atténuer, peut-être volontairement, sous les séductions de la touche, le modelé, le relief des figures, et de se priver ainsi d'un élément de vigueur. C'est surtout dans le portrait de M. Guizot que les accents dont je parle sont effacés ou bien affaiblis par je ne sais quelle teinte blanchâtre posée sur la figure, qui gêne le coup d'œil. Je l'avoue avec regret, je ne vois rien dans le type de l'homme qui révèle l'âme hautaine du politique, l'opiniâtreté stérile de ce disciple de Calvin! About l'a dit, ses mains magnifiques telles que M. Baudry les a peintes savamment, « nous conduiraient encore sans trembler au fond de l'abîme. » Mais où est le regard de cet homme infaillible dans l'erreur, dont les effrénés désirs appellent encore une révolution. Puisse la convoitise du pouvoir lui être légère!

Où êtes-vous, belle Marianne, sous vos longs voiles, ornée de tous les caprices charmants que vous prêtait le poëte? Que de Cœlio parmi les spectateurs trouvaient en vous l'idéal de l'œuvre! Lui-même un jour vous ayant vue au foyer des Français dans ce séduisant costume, en sortit enthousiasmé; il avait trouvé sa Marianne, et Oclave dans cet instant était à vos pieds! C'est tout ce que je te dirai, cher ami, du portrait de Mme Madeleine Brohan par M. Baudry.

En revanche, je ne saurais trop louer la pose du portrait de M. de C..., le meilleur de tous ceux de cette année. Je trouve injuste aussi la critique de ce charmant petit *saint Jean*, dont la tête est d'un modelé si fin, l'ensemble si séduisant de couleur. Si c'est le fils d'une comtesse, ce petit saint Jean, la mère pourra montrer avec orgueil ce charmant petit saint qui la fera peut-être un jour endiabler. Le portrait de M. Charles Dupin est un terme moyen entre ce qui est bien et ce qui est moins réussi dans l'exposition remarquable de M. Baudry.

X.

PEINTURES DIVERSES.

Je passe sous silence des œuvres dont j'aurais à te dire au moins autant de mal que de bien, par exemple, les tableaux de M. Barrias, les *Belluaires* de M. Bellet du Poisat et sa *Laïs*, le *Job* truculent de M. Briguiboul, un nom méridional; le *Samson* de M. Glaize fils. Si la peinture de ce dernier donne, comme celle de ses confrères, quelque espoir pour l'avenir, son personnage de Samson prouve qu'il a beaucoup à faire pour épurer son goût et se pénétrer des vrais types de l'histoire. Il est impossible de développer plus grotesquement un sujet. Je ne sais par quelle lunette de spectacle forain nos peintres de cette année ont vu les grands Alcides! M. Émile Lafon a traité avec vigueur, mais d'une façon un peu mélodramatique, *les Massacres de Syrie*. D'autres ont exposé des sujets décoratifs : par exemple Foulongne des cartons fort intéressants pour une peinture murale sur la théogonie des Indous ; Stéphano Baron un panneau de *Faust et Marguerite* et quelques autres compositions de talent, mais qu'il n'a pas exécutées d'une façon aussi serrée que d'habitude ; M. Monginot une grande toile encombrée de gibier mort. Après cela je te dis *Amen* pour MM. Voillemot et Faustin Besson. Voilà ce qu'on peut appeler vraiment un art de carton.

MM. Chaplin et Dubufe figurent à l'Exposition comme les portraitistes des femmes le plus en renom. Leur pinceau convient à merveille aux grâces provocantes de nos Parisiennes coquettes du monde élégant. Tu sais qu'au besoin M. Chaplin est chargé de grands travaux de décoration, même dans les palais ; il paraît que ça n'est pas très récréatif pour ceux qui l'ont employé. Nous l'aurions bien tous deux deviné d'avance.

M. de Wine a envoyé un portrait du roi des Belges dont j'aurais voulu te parler plus au long et fort en bien, mais je m'aperçois que mon épître prend des dimensions disproportionnées et que je ne puis sans injustice omettre les portraits bourgeois de M. A. Gauthier, qu'il a eu la singulière idée d'encadrer en forme de cercueil. Puis je te citerai, en abrégeant, parmi les travaux des femmes, un excellent portrait miniature de M. Préault, par Mme Camille Isbert, qui manie vraiment son art avec beaucoup de goût et de finesse sans minutie. Son mérite est sérieux et fort distingué. Mlle Thévenin a fait également un portrait excellent qui a un vrai succès. Enfin, en regrettant l'absence de peintures sur porcelaine par Mlle Durand, je te signalerai une fort bonne copie de la *Vierge au voile*, faite avec beaucoup de sentiment par une de ses élèves, un nom nouveau, Mlle Chevalier.

Avant de passer au genre et au paysage, je m'arrêterai aux deux tableaux de M. Glaize père et de L. Fauré. Le sujet traité par M. Glaize père est une allégorie fantastique pleine d'effet. Un char portant des jeunes filles parées pour les plaisirs et la volupté, roule du haut d'une colline vers une grande cité brillamment illuminée au fond par les feux du soir! Ces femmes, qui ont toutes les séductions de la jeunesse et de la beauté, vont vider jusqu'au fond la coupe des festins. Au milieu, une vieille femme, la misère, menace énergiquement celles qui viennent de perdre la pudeur, tandis qu'à droite d'autres jeunes filles préfèrent la pauvreté et le travail. L'aspect de cette toile ne manque pas de poésie et d'effet; c'est une esquisse finie, si j'ose dire ainsi, fort agréable de couleur; les formes y manquent peut-être un peu d'ampleur et de relief; néanmoins l'ensemble séduit beaucoup.

Je suis heureux de terminer cette seconde partie en te signalant le succès de fort bon aloi qu'a obtenu Léon Fauré avec sa toile de *Jean Huss devant l'empereur Sigismond*. Le concile vient de prononcer sa condamnation; Jean Huss s'avance alors fièrement et dit à l'empereur : « J'étais venu ici avec un sauf-conduit que vous m'aviez donné, et vous me laissez condamner. » L'empereur, assis sur son trône, vu de trois quarts, baisse la tête sans répondre; Jean Huss est debout de profil; sa tête noblement caractérisée, son attitude, digne et sévère, indique bien un grand réformateur. Autour du trône et dans le fond sont groupés les cardinaux et autres dignitaires de ce saint concile. Un hallebardier, sur le premier plan, étale son beau costume comme une gamme de tons étincelants. Le type de chacun des acteurs de ce tribunal inique est saisi avec une rare vigueur. M. L. Fauré doit être compté parmi les bons coloristes; il a su atténuer les fonds, bien marquer les plans, tout accentuer avec une intelligence remarquable. Ce tableau important, malgré ses petites dimensions, est d'un aspect plein d'éclat. Au prochain Salon, nous verrons probablement l'artiste conquérir tout à fait la notoriété.

Quelques excellents portraits sont encore remarqués au Salon, celui de Mlle Emma Fleury, par M. Amaury Duval, est d'un sentiment fin, distingué comme le modèle, il est même rendu avec style. M. Soumy, l'auteur du beau dessin de *la Création de l'homme*, par Michel-Ange, prend place aussi parmi les bons portraitistes; le meilleur des deux qu'il a envoyés est celui d'une femme, Mme M. T..., placé tellement haut, que je ne l'ai vu que fort tard. Le tableau de M. Rodakowski, relatif à Sobieski, a de l'intérêt. Les beaux paysages au fusain de M. Appian ont beaucoup de caractère et occupent le premier rang aux dessins, ainsi que ceux de M. Allongé. Il faut signaler, avec le bon portrait de Mlle Thévenin dont j'ai déjà parlé, une copie de la *Fortune*, de M. Baudry, faite sur porcelaine par Mlle Bloc. J'aurais désiré voir au Salon, avec les *aquarelles* de M. Maurice Sand, la *Comédie humaine*, si bien gravée par M. Manceau; il eût été utile de comparer les modèles aux reproductions. Je ne veux pas oublier les tableaux de fleurs de Mme Mounet et de M. et Mme Nancy, qui sont agréablement peints.

GENRE ET PAYSAGE.

I.

Dans les Flandres et en Hollande des pléiades d'artistes ont montré l'art sous de nouveaux aspects en saisissant ce qu'il y a de particulier à ces contrées : l'intimité des mœurs, l'allure naïve des habitants, et les jeux capricieux de la lumière dans le paysage. Qu'est-il besoin de rappeler ici les maîtres qui ont su donner carrière à leur individualité en tirant parti de cette situation exceptionnelle. Ces peintres n'ont pas d'habitude recherché les beautés épiques comme les maîtres italiens, ils ont eu l'art, en développant les gradations du clair-obscur et les effets variés de la couleur, de charmer les yeux et même d'émouvoir. Il faut reconnaître que si l'art dans ses manifestations les plus élevées tend, parmi nous, à s'affaiblir, il n'en est pas de même de celui qui vise aux beautés pittoresques. Là nous sommes réellement les égaux, sinon les maîtres de ceux qui nous ont devancés; ce sera le mérite de notre époque et surtout du romantisme d'avoir fait éclore des peintres pleins d'originalité, de verve et même de poésie. Si cette poésie n'a pas le côté dominateur, elle nous attire vers la rêverie, réveille en nous des émotions douces qui rassérènent l'esprit.

Ici, pour les besoins de notre causerie, tu me permettras d'appliquer le mot *genre* aux scènes d'intérieur où l'homme joue un rôle en quelque sorte personnel, où sa physionomie a de l'accent, tandis qu'il disparaît, s'efface et ne devient plus qu'une silhouette, une forme contribuant à l'effet pittoresque quand il se confond avec le paysage; quelquefois certaines œuvres échappent à cette règle, qui paraît alors arbitraire; je te signalerai les exceptions au fur et à mesure des développements de ce quasi-journal.

II.

GENRE HISTORIQUE.

Est-ce un tableau de genre qu'un tableau d'Heilbuth ou de M. Comte? Quoique les sujets soient le plus souvent historiques, la dimension des personnages, avec le caractère intime que leur donne l'artiste, rend plus naturelle la première désignation. Le premier a exposé une toile que j'avais vue à son atelier, et qui n'a pas perdu à l'Exposition : *Le chevalier-poëte Ulric de Hutten, couronné par l'empereur Maximilien;* un chevalier comme ceux du *Tannhauser!* Qu'Heilbuth, tout Allemand qu'il est, me pardonne ce rapprochement. La composition, traitée avec noblesse, offre un intérêt varié, soutenu; la tête de l'empereur Maximilien ressemble bien au type consacré, celle du poëte est expressive. La scène tout entière porte l'empreinte de cette douce aisance des mœurs allemandes qui n'exclut pas la dignité; les cos-

tumes, d'une grande tournure, surtout celui d'un hallebardier ou lansquenet, vu de profil au premier plan,
prêtent à l'éclat de la couleur; les types sont variés, des-
sinés avec une rare précision. Quant aux femmes, qu'elles
soient princesses ou suivantes, elles ont la beauté alle-
mande, l'œil les caresse avec amour. Cette toile et les
quatre autres du même peintre font honneur à son talent remarquable. La *Jeanne d'Arc* de M. Comte, *dans
l'église de Reims après le sacre de Charles VII*, a fourni
un excellent prétexte à l'artiste de mêler au sujet un
choix compliqué de détails et d'accessoires, armures,
costumes, bannières, etc.; tout cela forme un coup d'œil
très varié qui attirerait davantage si la couleur avait
plus d'harmonie. Le côté archéologique relève tout.

III

LE PITTORESQUE DANS LE GENRE.

Il y a quelques peintres qui savent mettre en scène les
mœurs elles-mêmes; les principaux, tu les connais. L'intelligence a développé leur organisation naturelle, ils
éveillent, en outre, la vive impression du terroir en
nous conduisant dans leurs pays de prédilection. Ainsi,
M. Brion a sans doute suivi quelque fiancée en Alsace.
Ici la noce est joyeuse; la charrette est chargée de monde
et parée de guirlandes, chacun fête l'époux et son épou-
sée; là le repas des noces se prépare; c'est naïf et intéressant; le dessin fait bien ressortir les types divers, et
la couleur est vive, trop variée peut-être. Le *Bénédicité*

révèle un autre côté de ces mœurs qui semblent encore primitives. M. Marchal nous conduit dans l'intérieur d'un *Cabaret de Protestants.* Il y a un défaut au point de vue de la perspective dans cette toile, l'une des mieux réussies que le peintre nous ait données. On sent que son interprétation est fidèle. Une jeune fille, au premier plan, s'en fait *conter* par un galant improvisé, tandis qu'elle regarde du coin de l'œil son amant assis à une table, et vivement irrité; la lutte couve et va éclater. Les physionomies sont bien en rapport avec la situation, la scène est animée, les qualités du peintre sont saillantes.

Luminais et Guérard se plaisent toujours en Bretagne. Le pinceau du premier excelle à produire les effets brillamment colorés; il donne la vie, le mouvement à tous les sujets qu'il traite. Après le succès de Mlle Rosa Bonheur, il était difficile de se faire remarquer avec une grande toile comme son *Champ de Foire.* Cependant l'artiste a su disposer la scène d'une façon nouvelle et trouver l'intérêt des détails autant que l'unité de l'aspect. Tu te rappelles *la Rixe de Cabaret.* Le même tumulte existe dans *le Champ de Foire,* qui est une toile où les chevaux et les hommes sont presque grandeur nature. Guérard s'est placé à côté de son ami Luminais; coloriste spirituel, il excelle dans les scènes intimes. A l'Exposition actuelle, il nous intéresse par des contrastes : *Le Convoi d'une jeune Fille* et *le Repas de noces en Bretagne,* tout cela est rendu avec une grande vérité d'impressions.

IV.

LES PEINTRES PRÉCIEUX.

Tout a été dit sur M. Meissonnier et je puis être bref. Nous n'avons pas vu *l'Empereur à Solférino*, sujet que promettait le livret et qui aurait tranché sur les cinq autres petites toiles. Au point de vue du sujet, ce maître de la catégorie des maîtres mineurs est monotone. Il est vrai que, dans des proportions aussi réduites, le dessin est si savant et si large, les figures ont tant de relief, le modelé est si ample, si caractérisé, l'exécution si ferme en un mot, que ces qualités dominantes constituent, malgré des lacunes regrettables, une haute supériorité. Malheureusement, un autre défaut affaiblit l'effet de ces peintures précieuses : les accessoires sont toujours traités avec la même importance que les personnages. Ceci nuit beaucoup à ce dessinateur d'élite.

Quoique M. Vetter ait vendu son tableau fort cher, je ne crois pas utile de le déprécier et de diminuer à tes yeux le mérite de son tableau de *Bernard Palissy*. L'artiste est l'un de ceux qui réussissent le mieux dans la peinture de ce genre ; il varie ses motifs, fait un choix intelligent du sujet qu'il interprète bien, parce qu'il sait accentuer la physionomie des personnages et disposer avec art les groupes. Il est fâcheux que son exemple ne soit pas imité. Son *Bernard Palissy* a l'air d'être « tou tari et desséché à cause du labeur, » et les gens qui l'observent, à droite, semblent bien « l'estimer fol. » Quel-

ques-uns de ces personnages ont la tête un peu trop
disproportionnée. L'ensemble de la scène ⋅ ⋅ ⋅ oublier
ces défauts.

Fauvelet n'est pas du tout un imitateur de M. Meissonnier, quoiqu'il ait adopté un genre analogue; il pro-
cède différemment et s'attache surtout aux effets de la
couleur et de la lumière. Il éclaire les figures avec art,
en mettant d'habitude chaque chose à son plan, et il entend le rapport des valeurs au double point de vue de
l'harmonie, de l'aspect et l'unité. Ses deux *Intérieurs*,
cette année, sont remarquables par ces qualités si rares.
Le *Joueur de guitare* est traité avec une touche fine et
spirituelle. Pour avoir beaucoup de vogue, ce peintre n'a
besoin que de satisfaire le goût du temps, en se montrant
plus difficile sur le choix du sujet.

M. Plassan, dans son *Repas*, commence enfin à gagner
une valeur artistique. Les séductions du coloris serviront
à cacher la minutie excessive de la facture.

M. Pezous dépense un esprit vraiment piquant dans ses
petits sujets militaires, d'un vif aspect et d'un coloris
animé. Mais une touche un peu plate atténue trop les
accents du modelé.

Je n'ai pas besoin de te décrire les mérites particuliers
du talent sérieux de M. Édouard Frère, qui est un artiste
distingué.

M. Van Muyden s'est fait également une originalité
tout à fait à part. Ses cinq petits tableaux de cette année
figurent parmi les bonnes toiles de genre de l'Exposition.

V

LA FANTAISIE.

Je m'arrêterai spécialement à M. Henri Baron, qui se montre cette année sous un aspect nouveau et vraiment français par l'esprit et l'élégance. Tu avais goûté cette charmante fantaisie : *l'Osteria di San Luca*, du Salon dernier, où l'on voyait si joyeusement mis en scène des artistes vénitiens en fête, au seizième siècle; les costumes, les physionomies, le mouvement des groupes, tout cela formait un spectacle attrayant. Aujourd'hui, le croirais-tu? l'artiste a paré des mêmes séductions un *Retour de chasse dans une villa moderne*. Tout autre aurait été banal dans un pareil sujet, mais M. Baron est un peintre qui sait faire un choix de tout ce qui prête à l'élégance des formes et au charme de la couleur; les personnages sont bien groupés sur le perron et autour de la villa; les costumes des hommes, au lieu d'être un écueil, font valoir ceux des femmes, dont la coquetterie séduit; le parc et les allées servent de fond, l'air enveloppe moelleusement tous ces groupes, qui ont vraiment un air de fête! Le type d'une nourrice est fin et expressif, je ne craindrais pas d'être son baby! Est-ce du paysage, est-ce du genre? c'est tout ce que tu voudras. C'est toujours de l'esprit et de la distinction à tous les points de vue. On ne peut unir avec plus de goût la fantaisie à la réalité.

VI.

LE CLAIR-OBSCUR.

Après un peintre élégant, je me plais à citer un homme qui est, à mes yeux, un Flamand de bonne race, que les amateurs du minutieux et du fini se gardent bien d'avoir se bon goût d'aimer. Celui-là nous montre des scènes où le développent les gradations mystérieuses du clair-obscur. Avec lui, nous descendons dans les intérieurs du pauvre ou dans les cabarets que la lumière n'inonde pas, mais où elle déploie, en compensation, des effets comme tamisés, dont l'œil des peintres les plus intelligents aime à observer les lois. Si la couleur se simplifie, les têtes prennent en revanche beaucoup de caractère, le modelé s'accuse avec une vie singulière ; tous les objets ont un intérêt particulier. L'*Intérieur du cabaret*, de M. Bonvin, m'a paru un des meilleurs spécimens de sa manière. On trouve ce peintre triste, parce qu'il aime ce qui est sévère et qu'il trouve le beau dans des réduits humbles, où les gens frivoles ne peuvent le voir. Les facultés de M. Bonvin sont vraiment des dons de nature ; j'ai été heureux d'apprendre qu'elles sont appréciées en haut lieu.

M. Villain obéit à des instincts de peintre ; bien que M. Bonvin ne soit pas son maître, il s'en inspire souvent ; il ne saurait faire mieux. Ses effets sont justes et attirent le regard.

Dans la même galerie que M. Bonvin se trouvent les tableaux d'un talent justement en renom. Si Mme Henriette Browne n'était qu'une femme du monde, spirituelle, élégante, occupant ses loisirs à faire de la peinture, un éloge où il entrerait beaucoup de courtoisie serait de rigueur; mais Mme Henriette Browne est avant tout une véritable artiste, qui a l'amour de son art, qui l'exerce avec une haute distinction, de façon à dépasser les tentatives ordinaires. La nature l'a douée d'une organisation exquise, susceptible de s'élever à un haut degré. Quoiqu'elle puisse faire des erreurs, elle réussit souvent d'une façon remarquable. Félicitons-la d'abord d'avoir résisté aux demandes d'achat de la loterie; ce désintéressement est rare de nos jours. Cette artiste a été un peu surprise par l'étrangeté qu'a souvent pour l'œil un pays nouveau. On le sent dans ses *Intérieurs de harem*, où l'effet lumineux est trop forcé. Ce trouble se fait sentir à un moment donné chez presque tous les artistes. Ainsi, rappelle-toi les paysages que rapporta d'Egypte M. Gérome; aujourd'hui, le *Hache-paille* nous prouve qu'il a fini, là-dessus, par mieux résumer ses impressions. De même, Mme Henriette Browne profitera complétement plus tard de son voyage de Constantinople. Sa petite toile du dernier Salon, l'*Intérieur d'une pharmacie*, brillait par la rare entente de la distribution de la lumière. Plusieurs autres œuvres de l'artiste m'ont partout aussi remarquables. Elle excelle aussi dans ses portraits; celui de M. le baron de S...., cette année, est l'un des meilleurs du Salon. L'allure du modèle est très bien saisie, la physionomie en est nettement caractérisée. Une *Femme d'Eleusis,* debout et de face, la main droite sur la hanche, est fort belle; le costume est d'une exactitude irréprochable. Les yeux de cette femme ont beaucoup d'éclat et de douceur; elle me rappelle Mme A...., dont tu admirais tant la beauté et la distinction; c'est

absolument comme si tu voyais la femme d'Eleusis ;
sauf le costume, la ressemblance est complète!

VII.

GENRES DIVERS.

M. Alfred Stevens a un grand succès, parce qu'il est
vraiment doué de certains côtés du peintre. L'exécution
est un peu matérielle, quelquefois lourde, les personnages paraissent manquer de structure. Les défauts sont
du reste compensés par la vérité de la couleur; son meilleur tableau me paraît être celui d'une *Femme allaitant
son enfant.* M. Willems a le mérite de bien peindre les
étoffes, surtout le satin; il les fait reluire de façon à prendre la coquetterie de nos Parisiennes à cet appât.

M. Toulmouche, peut-être moins bien doué comme
peintre que M. Stevens, intéresse cependant davantage par
le choix de ses sujets et l'art de l'arrangement. Puis ses
femmes plaisent quelquefois beaucoup, quoique ce soient
de pures bourgeoises. M. Tissot fait de l'archaïsme d'après
les Allemands ; dans ses sujets de Gœthe, *Faust et Marguerite,* son *Faust* n'est pas un idéal, et il nous donne des
pastiches de M. Leys. M. Liès paraît au contraire acquérir
quelque individualité dans son paysage avec figures. Le
Convoi funèbre à Palestrina, de M. Oswald Achenbach,
est vraiment d'un bel effet et d'une couleur qui séduit;
tu verras avec intérêt le pittoresque de cette procession
de pénitents et le singulier effet de la lumière des cier-
ges se détachant sur le mur.

VIII.

LE PAYSAGE.

Il est devenu de mode aujourd'hui de déprécier le paysage, surtout celui qui a le plus produit, depuis trente ans, de renommées artistiques dans notre pays. On veut bien faire grâce aux beautés pittoresques quand l'homme vient s'y mêler et offrir un élément de plus pour la curiosité. Mais la portée du paysage proprement dit n'est comprise que de bien peu de gens. On profite de ce qu'une infinité de réalistes ont reproduit d'une façon mesquine, en quelque sorte photographiquement, quelques bouts de terrains des environs de Paris et de la forêt de Fontainebleau, sans intelligence, sans poésie et sans aucune science du métier, pour proscrire du même coup la médiocrité et les vrais artistes qui, seuls, ont pénétré les lois de ce beau langage. Rien n'est plus sévère, en effet, que de chercher dans la nature les formes qui ont de l'ampleur et de l'élégance et de les développer avec style. Claude Lorrain est le roi de cet art, qui est presque l'égal des plus grands; nulle part l'inspiration ne s'épanouit avec plus d'abondance. Vois, d'un autre côté, dans le romantisme, les artistes qui ont le plus de saveur; n'est-ce pas Decamps, MM. Corot, Jules Dupré, Th. Rousseau, Français, Cabat, Daubigny, Troyon, etc. Ces noms ont une signification pour ceux qui apprécient l'importance en ce genre de l'ancienne tradition française, ou qui goûtent les maîtres de l'art flamand. Ces nouveaux venus me semblent dignes de leurs devanciers. M. Corot, qui personnifie la poésie rêveuse, qui pénètre l'infini des choses extérieures, en baignant dans l'air les formes et les silhouettes, les molles prairies, les bois aux doux ombrages, les idylles anciennes ou modernes! M. J. Dupré, qui a la couleur, comme un grand poëte a l'image! M. Th. Rousseau, qui aime les beautés de détail, les exprime au moyen d'un modelé net et ferme, avec une couleur émaillée pour ainsi dire par une exécution étonnante; Français, autrement dit le charme, l'élégance, le sentiment naturel du paysage; le choix de tout ce qui est exquis; Cabat, d'abord amant du pittoresque, qui trouve maintenant, quoi qu'on en dise, des paysages de style dont la mélancolie est robuste; Daubigny, la sincérité même, remarquable par la justesse et la vérité des tons; Troyon, doué d'une faculté merveilleuse, combinant les animaux avec le paysage pour y joindre les effets de lumière; puis Decamps, si cruellement frappé, que ses enthousiastes n'ont pu perdre, et qui, en personnifiant l'Orient, a su même toucher à l'épopée. Devrais-je oublier M. Diaz, jadis l'un des meilleurs, mais depuis...

IX.

LE RÉALISME.

Le beau est susceptible de se produire sous tant d'aspects, que ceux qui ne voient à cet égard qu'un côté des choses cèdent pour la plupart du temps à un instinct puéril. Sans doute, le beau pittoresque n'est pas le premier, puisqu'il est d'ordinaire la voie que suit l'art dans ses périodes de décadence ; cependant, à côté des éléments qui le composent dans la nature proprement dite, on en trouve d'autres qui se prêtent à formuler le beau plastique. Quand l'artiste sait choisir ceux-là, il s'élève comme le Poussin et Claude Lorrain, presque au niveau des grands maîtres. Tu n'ignores pas que ce dernier mode d'interprétation m'attache de préférence. Que dire ensuite par opposition du réalisme, nouveau genre, moderne aussi bien que le mot qui le désigne, signifiant le *choix des choses vulgaires* ; si ce n'est qu'un tel système blesse les traditions et les lois du goût. Cette tendance, toute fausse qu'elle est, attire parfois, en raison de la plus ou moins grande intensité que peut avoir la faculté matérielle d'un peintre. Autrement, en principe elle est dangereuse, incontestablement fort mauvaise. Sauf de rares exceptions, ceux qui adoptent un pareil parti-pris ne produisent que de simples objets de curiosité.

Il serait injuste d'appliquer entièrement à M. Courbet cette dernière réflexion. La nature l'engendra dans un jour d'excentricité, comme pour montrer qu'elle aime parfois à varier d'une façon bizarre les types de sa progéniture. Quel homme a fait plus de bruit ? A propos des tableaux du Salon, on lui attribue ce propos : « Ils n'avaient que moi au Salon, et ils m'ont mal placé ! » «Qu'on est donc heureux de rencontrer cette modestie-là,» ripostait un malin confrère. Oublions ces écarts d'une personnalité exubérante pour ne constater que les heureux dons du peintre, facultés matérielles qui ne sont pas du reste complètes, puisqu'elles pèchent sous bien des rapports, par exemple, au point de vue de la science du dessin, comme on l'a vu dans les tableaux intéressants, mais si défectueux des *Demoiselles de la Seine* et des *De-*

moiselles de village. M. Courbet, c'est le génie de l'incomplet; il a une qualité dominante, c'est-à-dire un
instinct très prononcé de la réalité, qu'il exerce avec un
mode d'exécution large, auquel on ne peut contester la
puissance. Seulement on voit qu'en créant son œuvre il
n'est jamais ému, car il ne rend pas souvent, même dans
le paysage, les aspects qui seraient savoureux pour les
sens ou propres à séduire par le côté intellectuel. Il faut
en excepter le *Chevreuil suspendu à un arbre*, qui est au
boulevard, sorte de répétition, je crois, d'un morceau que
tu as déjà vu, dont la couleur est vraiment d'un bel effet.
Supérieur, du reste, dans le paysage, quand il se borne à
imiter presque au hasard et sans choix, M. Courbet se
rapetisse quand il cherche un peu son âme d'artiste. Elle
ne vibre plus du tout à l'unisson du métier. On se trouve
alors en présence de productions comme quelques-unes
de celles de 1855, où le *laid* et le *burlesque* se dispu-
taient la primauté. Les toiles de cette année dépassent à
coup sûr le niveau des œuvres médiocres. L'une, le *Combat de cerfs*, a de la solidité, un grand aspect décoratif.
Malheureusement, il y règne une sorte de monotonie
inexplicable. On n'est point assez à l'aise dans cette atmosphère; où est la vie de l'âme, où sont les séductions
caressantes pour les yeux dans ce paysage si vrai, qui a
l'air d'être pétrifié? On ne s'y enivre point des senteurs
des forêts; puis, au point de vue de la facture, on sent
que les difficultés du dessin ont été évitées dans ces
grands arbres. Il est inutile d'ajouter que le goût continue à n'être pas la qualité distinctive du peintre. Il y a
certains accents de maître dans son robuste matéria-
lisme! Pourquoi cependant l'homme de bonne foi flotte-
t-il irrésolu devant le *Piqueur* et la *Roche Oragnon*?

Quoiqu'il soit impressionné, il n'a aucun enthousiasme ; il ressent plutôt de l'étonnement. Je regrette toujours avec sincérité de voir le mélange de tant d'imperfections unies à des qualités si rares. M. Legros, avec son *Ex-voto*, paraît avoir été tellement émerveillé par l'*Enterrement d'Ornans*, que M. Courbet a créé pour lui la lumière comme Dieu ; il s'agenouille devant ce tableau modèle, qui restera du reste comme le triomphe et l'œuvre-type du talent de M. Courbet.

M. Millet arrive aussi maintenant à un parti-pris regrettable ; il se prive peu à peu des moyens séduisants de son art dans le but d'exprimer d'une façon plus austère ses idées philosophiques sur la misère humaine. Il s'exagère même au point de préférer une couleur répugnante à l'harmonie qui fait la peinture. C'est volontairement peut-être qu'il se sacrifie ainsi. Sans doute le dessin d'ensemble de cette *Tondeuse de moutons* a des contours qui ont une certaine ampleur et du caractère, mais les détails et l'aspect repoussent ; on ne perçoit plus, quand on est ainsi rebuté, le sens profond de l'idée. Dans d'autres tableaux, M. Millet était quelquefois lourd, mais il était austère sans excès. Les *Glaneuses*, la *Récolte des pommes de terre*, la *Mort et le Bûcheron* manifestaient certainement son idéal avec plus de puissance et de noblesse.

« Est-il nécessaire que la peinture blesse les sens pour mieux agir sur l'âme ? La priver de toute espèce de charme au point de vue de la couleur, n'est-ce pas la rendre inintelligible pour le plus grand nombre ? Ces erreurs sont d'autant plus regrettables que M. Millet est vraiment un artiste, qu'il détruit la naïveté en voulant l'exagérer. Rien n'est plus funeste, comme tu me l'as dit souvent, que d'accuser à outrance un parti pris. Le sujet de *Tobie*, qu'on a beaucoup raillé cette année, me semble pourtant supérieur aux deux toiles de *la Tondeuse* et de *la Mère qui allaite son enfant*. Les partisans de la couleur locale ont déclamé beaucoup sur le sujet. Que n'a-t-on plutôt envisagé la scène dans le sens humain, au lieu d'y chercher un sujet défini? Les détails choquent, il est vrai, dans cette toile. Le dessin y est sans doute inventif, mais il est incorrect, trop simplifié dans certaines parties. Il résulte pourtant de l'allure des personnages, de l'effet de la scène, une impression touchante, qui a de l'analogie avec l'effet que produisait *la Mort et le Bûcheron*, tableau que l'on a vu au boulevard; ce dernier était la poésie de la misère, comme *les Glaneuses*. Doit-on blâmer l'artiste de la sentir si vivement, jusqu'au point de se priver peu à peu des voluptés de son art? Oui, sans doute! quoique l'idée qui le dirige soit respectable.

Après ces deux artistes, qui ont chacun une individualité si violemment accusée, si en dehors des lois habituelles de l'art, on est vraiment rasséréné en rencontrant un jeune peintre qui cherche à plaire par le choix, l'heureuse union des beautés harmonieuses, soit de la couleur, soit du dessin. Avec lui, mon cher ami, je retrouve la vie de l'Eglogue et les champs tranquilles au milieu de nos paysans gaulois, qui sont, il est vrai, peu suspects de mélancolie. Cependant, il y a même sur notre sol des heures où la simplicité de la vie rustique a des accents et des effets qui impressionnent l'observateur. Devant les toiles des *Sarcleuses* et de *la Récolte du colza*, on goûte réellement des séductions poétiques. Rien n'est plus vrai, plus sincère, moins prétentieux, quoique les formes, sans perdre aucun des accents de la réalité, soient interprétées dans un style noble, soutenu. J. Breton nous révèle les paysans par leurs beaux côtés; il parvient à élever notre esprit et même à nous émouvoir. Comme il s'épanouit à l'aise dans les belles soirées d'été, quand les silhouettes sont enveloppées par les dernières clartés du soir! Il groupe dans ses tableaux des types d'un beau caractère, dont aucun trait cherché n'altère la physionomie rustique. Les lignes se balancent bien dans la composition avec beaucoup d'harmonie, et la couleur a vraiment un charme qui pénètre. Inclinons-nous devant ces paysans dont les rudes labeurs apparaissent sous un aspect riant, presque voluptueux, qui console l'âme. J. Breton a un frère qui débute et qui deviendra peut-être son émule. M. Laugée, son devancier, sait faire partager son impression et sa mélancolie dans la *Récolte des œillettes*.

X.

LE PAYSAGE DE STYLE.

Je vais te parler ici en quelques mots de quelques paysagistes qui cherchent le style en l'atteignant parfois, mais dont l'originalité a besoin d'être encore dégagée. Je renverrai plus loin ceux qui se rattachent au paysage proprement dit. M. de Curzon, l'un d'eux, a de l'ambition et veut devenir plus qu'un paysagiste : c'est cependant en ce dernier genre qu'il a rencontré jusqu'à ce jour ses plus belles conceptions. Il a soupiré plus faiblement qu'au Salon dernier les chants de ses idylles de

9

la Grèce et de Rome modernes; son paysage de l'Illissus auprès des ruines du temple de Jupiter, près d'Athènes, est d'un aspect sévère. C'est une poésie un peu triste, d'une contrée où l'on est amolli un peu, bien qu'on soit impressionné d'une façon délicate. Quand M. de Curzon se maintient dans ce cadre, son talent est plus à l'aise; il est le seul qui rappelle en ce genre les impressions de la nature. La peinture tout à fait conventionnelle de MM. P. Flandrin, Aligny et Desgoffes n'éveillera jamais la moindre émotion, le moindre souvenir de ce qu'on a vu. Avec de l'observation et de la patience, on finit par démêler dans leurs œuvres une recherche intellectuelle du beau, la science du dessin et de la composition. A quoi cela sert-il si la vie manque à l'œuvre? Un jeune homme, M. Ranvier, s'est fait justement remarquer cette année; il a montré une rare distinction; il est vrai que ses paysages se ressentent plus de la réminiscence des maîtres que d'une interprétation libre de la nature. *Les Ægipans, les Vertus s'en vont*, renferment des groupes qui ont du mouvement et de l'élégance. Cet artiste, qui doit avoir, si l'on en juge par le choix du sujet et la façon dont il est rendu, une vive intelligence et une bonne érudition, pourra, fortifié par l'étude, se marquer une belle place.

XI.

L'ORIENT ET LE BEAU PITTORESQUE.

Depuis que Marilhat et tout récemment Decamps ont disparu, un jeune et brillant coloriste nous prodigue les séductions et la variété de son talent. Son individualité bien tranchée et saisissante, nous révèle sous des aspects nouveaux la poésie de l'Orient. Écrivain en même temps que peintre, il s'est placé du premier coup, comme en jouant, parmi les plus distingués de cet art; on le lit avec un charme vif, qui s'accroît à chaque page, tant son esprit fin, ingénieux, attire par une délicatesse rare, qui tient à l'élégance même de sa nature. Tous les dons innés, exquis, Fromentin les a. Son originalité comme peintre est aussi vive que celle de l'écrivain. Je ne vois nulle part aucun autre pinceau qui sache donner plus de mouvement, plus de vie et d'éclat aux effets pittoresques; son organisation est abondante pour tout ce qui est ingénieux; son œil perçoit si bien les harmonies extérieures que son pinceau n'a qu'à courir pour rassembler les tons et les faire jaillir comme des étincelles lumineuses! Quand l'écrivain décrit l'Algérie, il en pénètre avec délices les contrastes, les effets les plus éclatants; la plume devient presque dans ses mains un instrument plastique, quoique l'artiste sache ne pas dépasser la limite de chaque art. Le pinceau complète avec la même perfection les impressions du livre. Ainsi, nous avons sous les yeux une *Fantasia*, où des groupes de cavaliers aux riches costumes, débouchent d'une gorge ombragée et verdoyante. La tribu au galop, l'étendard en tête, précédée de grands lévriers, se précipite et tourbillonne; les coursiers semblent hennir et s'élancent; tout remue, s'agite, éblouit les yeux! De même, les trois courriers lancés au galop de leurs chevaux, découpent leurs silhouettes sur les dernières lueurs du couchant; ils font plus que courir, ils volent dans l'air comme des cavaliers de la mort! Leur figure colorée, pleine d'énergie, s'incorpore avec le paysage que les ombres vont envahir. On a beaucoup loué l'étude du *Berger arabe à cheval* gardant les moutons; si l'on me donnait le choix, je préférerais une ravissante esquisse où Fromentin, au moyen de quelques frottis, a trouvé la vérité avec plus de finesse. Quels tons délicats! quelle sincérité d'effet! Qu'on se plaît donc à savourer le pittoresque quand il vient de l'Orient et qu'il résume ainsi toute la magie de la coloration! Dire que le peintre égale l'ami et qu'on peut le louer à l'aise, sans jamais craindre l'excès de l'éloge, c'est tout dire. Cet artiste est un de ces êtres privilégiés que la nature a créés pour les joies du cœur et les fêtes de l'esprit!

Le talent de M. Belly est un de ceux qui plaisent le mieux au public. Avec lui, nous sommes, en Égypte, plus près encore de l'Orient; nous entrons tout à fait au désert pour voir défiler les longues caravanes ou nous mêler aux groupes qui se forment sur les bords du Nil ou près des villages. Ces toiles pittoresques sont traitées avec une habileté qui étonne. M. Belly, avec la collaboration un peu effacée de M. de Balleroy, a peint un grand paysage décoratif où les chiens sont en chasse dans la forêt; les troncs d'arbre bien modelés ont du relief et de la vigueur; la couleur brille. On voit que les difficultés de l'exécution n'arrêtent pas M. Belly, car il a bien étudié son art; il est habile, fécond en ressources; il est de ceux qui ont de la volonté et qui doivent parvenir. Que dis-je donc? il est arrivé!

M. Labbé s'impressionne trop de Fromentin; sans lui en faire un vif reproche, je constaterai que je préfère, à ses *Troupes irrégulières traversant le Pénée*, son *Souvenir de la forêt de Fontainebleau*, où les tons sont vrais et délicats.

M. Berchère se possède tout à fait lui-même, l'Orient lui est familier; les belles ruines des temples l'aident à donner un bel aspect à ses paysages, où l'on voit défiler de belles caravanes.

M. Pasini a résumé trop hâtivement cette année les impressions de son voyage. Sa *Vue du Nil au Caire* plaît beaucoup cependant. Après que la réflexion aura mûri ses souvenirs, il nous traduira tout cela avec son goût, son talent habituel. M. Mouchot a de la sincérité; il promet beaucoup; c'est un débutant remarqué, que l'expérience développera. M. Brest s'est arrêté à Constantinople en homme voluptueux; il est fâcheux que l'effet de la coloration, dans ses grandes toiles, manque d'unité.

Ici, je classerai maintenant quelques artistes qui sont la fantaisie même : M. Ziem qui, après avoir décomposé longtemps les couleurs à travers le prisme, a senti qu'un peu de vérité ne lui nuirait pas; M. Gudin presque fantastique, entassant les flots comme le Père éternel! Vois-les se dérouler à perte de vue; c'est beaucoup trop! Jules Noël, conventionnel dans ses effets, produit de bonnes marines avec une facilité qui va jusqu'à la profusion; sa fantaisie multiple, variée, transforme de toute façon les pays divers; ses tableaux ont un effet décoratif et animé. On sent que l'homme, qui a de l'*humour*, mène son pinceau avec autant d'aisance et de bonne fortune que sa gaîté. Les marines de M. Aiguier sont traitées avec un grand talent et beaucoup de sincérité.

XII.

PEINTRES D'ANIMAUX.

Parmi les peintres d'animaux, en l'absence du maître de tous M. Troyon, M. Aug. Bonheur vient remplacer sa sœur; son succès cette année est réel. Ses grandes toiles renferment beaucoup de talent, tous les morceaux ont peut-être un intérêt égal. M. Jacques se présente aussi avec de bons tableaux, qui ne valent pas ses eaux-fortes. M. Brendel réussit toujours dans les bergeries; M. de Balleroy, à la chasse. M. Philippe Rousseau n'aime pas, je le crois, la musique de chambre, car il en fait faire à coups redoublés par un singe que la loterie a adopté. M. Jadin fait trop bien des chiens qui pourraient être des singes. M. E. Van Marcke suit de loin M. Troyon. Je m'arrêterai à Couturier qui a fait cette année des toiles très intéressantes. Son *Conseil des rats* est traité spirituellement, avec une couleur harmonieuse; sa basse-cour est peut-être, par ci, par là, un peu voyante, mais le talent de l'artiste est remarquable. Couturier, dont tu connais la belle intelligence, réussirait, j'en suis sûr, dans un genre plus élevé, comme l'indique sa toile d'*Homère pauvre et aveugle*, conduit par un enfant. Le paysage est d'un beau caractère et d'une impression mélancolique; le groupe est d'un mouvement heureux, quoique peut-être un peu grêle de forme; l'homme qui a compris ce sujet d'une telle façon reverra les beaux jours du succès, cette fois pour toujours. Je dois citer aussi les toiles de M. E. Lambert, artiste dont l'intelligence est tenue en haute estime, par tous ceux qui l'approchent.

XIII.

LE PAYSAGE PROPREMENT DIT.

J'arrive maintenant à un genre qu'on semble vouloir peu favoriser, parce qu'il est envahi par le tourbillon des réalistes impuissants. Qu'on proscrive ceux-ci, je ne demande pas mieux, mais ne pas tenir compte d'artistes d'élite qui honorent le plus notre école, qui vivront dans l'avenir, lorsque beaucoup de ceux qui les jugent n'auront plus, de leur immortalité actuelle, que des immortelles et l'oubli; ne plus encourager ce que l'art produit de plus élevé aujourd'hui après quelques vrais peintres d'histoire; abandonner tout à fait les jeunes artistes qui en étaient l'espoir; tu avoueras que c'est se rappeler singulièrement du *Claude;* cette exposition surtout est navrante à ce point de vue. Le genre et un certain pittoresque vont tout avoir; on n'ose pas même soutenir la tradition et chercher le style chez les quelques peintres où il se trouve encore. Le paysage ainsi compris touche pourtant à tout ce que l'âme a de plus délicat et même de plus poétique. Vois M. Corot, par exemple; quand M. Flers, le père du paysage naturaliste moderne qui continue toujours à exposer, eut engendré d'éminents disciples qui sont devenus ses maîtres, M. Corot, appelé par une vocation irrésistible, se mit à l'œuvre malgré l'opposition de son père et de sa famille; il était malheureusement un peu tard, mais l'artiste avait du courage et de la bonne humeur, puis il aimait la rêverie, et du premier coup il sut interpréter ce sentiment avec un goût, une poésie que de vrais poètes ne devraient jamais dédaigner. Qu'on laisse cela aux amateurs de vignettes! M. Corot ne précise pas assez, dit-on, ne limite pas les choses comme on les voit, c'est possible, mais il les résume et en donne l'impression générale; toute âme tendre pénétrera dans l'atmosphère de ses paysages et se plongera dans leurs ciels infinis qui se développent aussi loin que l'imagination veut les suivre. Ce que M. Corot n'écrit pas avec son pinceau, il le fait deviner; les silhouettes des arbres sont si bien enveloppées par l'air, elles sont si élégantes que si le dessin de détail paraît un peu négligé, l'imagination de la forme dans le paysage ne saurait être poussée plus loin. On s'est plu à railler le sujet d'*Orphée et Eurydice*, que lui a inspiré l'interprétation sublime et le génie profond de Mme P. Viardot; on s'amuse du prétexte de quelques erreurs, sans voir la sérénité des fonds nébuleux où rêvent les ombres heureuses groupées avec grâce, cette rivière au cours tranquille, dont la transparence reflète le bocage d'alentour. Lisez l'*Énéide*, poètes nerveux, ce n'étaient pas de grandes forêts qui peuplaient les Champs-Élysées, c'étaient des prairies et des bois où la lumière arrivait amoureusement, avec douceur! Au milieu de ces groupes n'entrevoyons-nous pas le printemps éternel tant chanté par les poètes antiques? De même, quelle idylle que cette *Danse des nymphes!* N'est-ce pas une vision au milieu des fleurs et des ombrages, à l'heure où l'horizon est légèrement doré? M. Courbet a voulu critiquer: « Ma foi! ça touche à peine la terre! » a-t-il dit; j'accepte le mot comme le plus bel éloge; c'est la vérité généralisée, c'est la transformation de la réalité en quelque sorte épurée avec un choix et une inspiration qui dominent les poètes que n'ont pas subjugués les énervements du sérail, Corot, peintre-poète, a deviné dans son art des délicatesses, des élégances que personne n'a trouvées avant lui. S'il est imparfait dans les détails de l'exécution, l'ensemble est presque irréprochable ; les formes sont variées, si l'effet est presque toujours pris à des heures où les ombres du soir luttent avec les rayons affaiblis du jour. Poètes, aimez donc ces idylles, suivez dans le lointain tous ces groupes de nymphes, ne les détaillez pas, regardez avec délices dans cet idéal mystérieux.

Mais voici un jeune peintre que Corot pourrait prendre par la main comme un homme capable d'être un jour son émule. Tu le suis avec moi depuis plusieurs années, cet insouciant méridional qui a l'étoffe en lui d'un peintre de style ; rêveur charmant qui pourrait viser à la fois à l'habileté et au côté noble, expressif du sentiment ; il a l'intelligence des belles formes de la nature et il est coloriste. Avant cette année, il a exposé à intervalles rompus quelques toiles saisissantes, seulement elles étaient isolées et comme perdues, car on les logeait au troisième ciel ! Que voir si haut quand on voit à peine près de soi ! Te rappelles-tu, par exemple, ces dindons, sortes d'oiseaux fantastiques qui étaient perchés le soir au crépuscule sur la silhouette d'un arbre, dont les branches noueuses et dépouillées se modelaient vigoureusement sur l'horizon ; c'était le fantastique à l'heure où flottent les ombres, c'était la vérité même sans fausse exagération, à l'instant qui saisit, qui impressionne, où l'on sent de profondes mélancolies. Aujourd'hui, deux paysages d'une individualité remarquable, d'un grand effet, où les arbres ont de belles formes, les eaux de la transparence, les terrains des tons délicats, un peu fatigués d'exécution, je l'avoue, par endroits, mais poétiques et saisissants, ont eu vraiment du succès auprès de la plupart des artistes; je m'attends pourtant à ce qu'ils ne seront même pas *mentionnés*, il y a tant de faiseurs de marionnettes à récompenser. Le *Printemps* du Salon dernier était plus beau de forme, quoique ayant moins d'effet. M. Corot remarqua, il y a dix ans, des paysages charmants, aujourd'hui dispersés, du même peintre. L'inertie de la volonté pourrait seule arrêter sa belle organisation dans toute sa force. Que Nazon se ranime pourtant, qu'il nous donne les idylles printanières, les couples amoureux s'enlaçant sous les ombrages et dans l'épaisseur des bois, nul ne sera plus poëte et plus peintre; ses confrères le soutiennent, il serait coupable de s'arrêter. Je ferai le même reproche à Villevieille, l'amoureux des tendres clartés du crépuscule, pour n'avoir pas exposé cette année.

Quel art que celui de M. Th. Rousseau, mon cher ami! comme il pénètre dans l'analyse, dans l'infini des détails avec un modelé profondément voulu, réalisé comme un effort suprême de l'art! Son *Dessous de bois* de cette année est le résumé précis de toutes les beautés qui étincellent aux yeux, quand on observe un coin de la nature. Ce langage de la nature paraît muet à beaucoup d'autres; Rousseau s'acharne à le saisir, et dans cette lutte parfois impossible, s'il échoue, l'effort et la volonté sont toujours visibles; il est l'extrême de M. Corot : celui-ci saisit l'ensemble, M. Rousseau marque le détail d'une forte empreinte dans une peinture en quelque sorte émaillée.

M. Achard est un des premiers qu'il faut louer au Salon, ce n'est pas trop dire! Il affectionne les coins luxu-

riants de végétation, délicieux d'aspect au point de
vue du charme des tons; il aime le soleil et ses plus
vives clartés. Alors, avec une rare perfection, il développe
les effets de la couleur dans ce coin d'intimité et d'harmonie que le livret nomme *la Chaumière*. Ailleurs, ce
fond azuré qui s'aperçoit entouré de la coloration d'un
riche paysage, c'est *la Mer aux environs d'Honfleur*.
Quelle finesse de ton, quelle transparence, quelle délicatesse! trouve-moi quelque chose de plus voluptueux
pour l'œil, de plus exquis en ce genre, je crois ne rien
exagérer; que M. Achard traite une toile importante, et
ses beaux jours reluiront.

Le grand paysage de M. Desjobert est une conception
riante, qui appartient au pittoresque élevé. Ce peintre
doit être content de son succès, chacun de ses tableaux
est goûté de tous; l'exécution est voulue, poussée peut-
être trop loin; pourtant l'ensemble n'y perd pas, l'aspect
de la toile a de l'unité, et la lumière s'y développe bien.
Voici un artiste qui prouve qu'on ne devient un vrai
paysagiste qu'en sachant dessiner, modeler les objets, et
que le coup d'œil, le tempérament ou l'instinct ne suffisent pas; en un mot, qu'un bon noviciat ne nuit à
rien.

M. Daubigny, dont le grand talent a beaucoup d'admi-
rateurs, se laisse, selon moi, trop aller à simplifier son
exécution. Les aspects, les tons sont justes et vrais, mais
les sujets sont d'abord presque insignifiants, puis, cette
année, ils sont d'un rendu moins réussi que d'habitude.
Quand on ne vise qu'à la vérité, quand on ne veut que
traduire les rapports des valeurs, tout ce qui fortifie cet
idéal ne peut être négligé. Que M. Corot généralise et
résume, ça se comprend, son impression est si profonde

et si poétique qu'elle en devient plus pénétrante. M. Daubigny est doué mieux que personne comme peintre; il nous le prouvera de nouveau dans l'avenir.

M. de Knyff a des intentions de style, dit-on; pour ma part, je ne vois que des études bien faites d'après nature.

Me voici auprès d'Harpignies et de Blin. Tous les deux recherchent ce qui est caractérisé, poétique; ils ont des défauts, mais l'examen de la nature les en délivrera. Le premier, dans sa *Lisière de bois*, est lourd par parties et pas assez simple; les silhouettes des arbres sont trop dures et n'ont point, comme le donne la nature, leurs contours baignés dans la couche d'air qui les entoure. M. Corot est un modèle sous ce rapport. Le public tiendra-t-il compte à cet artiste de sa grande recherche du dessin et de la forme? Non! ce qu'il demande, c'est l'effet de la coloration, et Dieu sait comment il la comprend. *Le soir sur les bords de la Loire* n'est pas une vue exacte, c'est l'esprit du site, les eaux y manquent de transparence; l'exécution d'Harpignies a par ci, par là quelque chose de trop brutal, de trop accentué, mais l'artiste a le vif sentiment du *vrai*, et il cherche à profiter de son intelligence. Blin a été déjà justement remarqué; c'est un artiste, comme le prouve la belle recherche de ses deux paysages, qui ont de la puissance et du caractère; seulement son exécution a des procédés trop sommaires; s'est-il laissé distraire par le plaisir ou par les amours? Ne pénétrons pas de tels secrets. Il nous reviendra bientôt plus viril que jamais.

Je serais trop incomplet si je ne mentionnais pas les beaux paysages de M. Gude. La *Forêt* de J. Palizzy est une belle toile, d'une grande vigueur, dont il serait très

juste de parler plus longuement; le *Clair de lune* si saisissant de M. Baudit, où l'eau a de beaux reflets autour
d'un bateau qu'on charge; ses autres paysages ont non
moins d'intérêt. M. Flahaut progresse beaucoup. M. La
vieille a de la sincérité; M. Hanoteau un tempérament
rustique et beaucoup de coup d'œil. M. Chintreuil est
impressionné poétiquement et avec délicatesse. M. Joan-
nin est remarquable par une grande finesse de tons ; il
promet. Citons encore MM. Lapierre, Reynaud, Papeleu,
Hageman, Mercier, Laurens, etc.

Anastasi a pu quelquefois donner prise à la critique
assez justement. Chacun a ses mauvais jours, il le sait
bien lui-même. Cet artiste n'est point de ceux qu'on
doive oublier, ce serait injuste cette année. Il a eu de
l'audace en faisant son *Arc-en-ciel*, sur lequel se détache
la silhouette d'un groupe d'arbres que peu de ses confrères dessineraient et modèleraient avec autant de
talent. Les autres tableaux sont à l'unisson et doivent
intéresser, car Anastasi commence à être un des anciens
du paysage.

MAITRE ET DISCIPLE.

Parlons maintenant ensemble, à cœur ouvert, d'un
homme qui a été quelquefois méconnu, qui a pu se
tromper comme tant d'autres, pourtant moins attaqués ;
son talent fin, varié, sympathique, sait traduire le *vrai*,
trouver l'élégance et même le style. Il connaît l'art d'unir
les qualités du dessin et le charme de la couleur, avec

un goût rare et une perfection bien sentie. Il sait se personnifier lui-même dans son œuvre, saisir tous les aspects aimables, tous les sites où l'on s'épanouit avec sérénité. Dans ses bois, dans ses lithographies, dans ses illustrations, comme dessinateur, il a touché quelquefois aux anciens; plusieurs maîtres du paysage moderne lui doivent une bonne part de leur notoriété. Y en a-t-il eu d'ingrats? J'aime mieux ne pas le rechercher! Ce peintre, que tu connais, a exposé il y a peu de temps, aux boulevards, une vue du *Port de Gênes*. Rien n'était plus délicat, plus fin de ton et d'une transparence plus en rapport avec le site et le pays. Maintenant il a envoyé au Salon une toile qui est belle au point de vue des formes et des silhouettes; ce n'est plus le dessin photographique; tout a été rendu, généralisé pour résumer l'impression qu'il voulait donner d'un pays, comme les *Bords de la Seine vers le soir*. La silhouette d'une grande masse d'arbres se détache sur le ciel, où se dégradent avec finesse les nuances affaiblies d'un crépuscule qui commence; les terrains qui entourent les eaux calmes du fleuve sont bien étudiés, bien équilibrés sur le devant du tableau: tu admirerais leur modelé. Dans le fond, à gauche, sur les coteaux et au-dessus d'un aqueduc, les derniers rayons du jour semblent se reposer avec douceur : c'est un vrai tableau que celui-ci, où Français est bien lui-même, quoiqu'il se soit inspiré de la tradition. L'idée du beau y est rendue d'une façon contenue, avec noblesse. Ce succès et l'effet de deux autres toiles, d'un sentiment plus voisin de la réalité, coupent court aux déclamations d'autrefois, auxquelles j'ai eu la faiblesse de participer moi-même. Les gens de goût ne contesteront plus Français; si d'autres artistes le font encore, qu'ils me permettent de leur souhaiter le quart du talent de celui qu'ils décrient.

Après le maître, le disciple digne à coup sûr de marcher à ses côtés, un homme sincère, ému devant la simplicité du paysage ; son talent est complexe, il saisit un effet avec une rare justesse ; il s'occupe du dessin de ses compositions, leur donne du relief ; il vise à ce que les lignes et les mouvements de terrain se relient et s'enchaînent bien dans les divers plans ; jamais rien de plat et de mesquin ; c'est la vie de la nature telle qu'on la voit. Avec quelle précision, quelle fermeté, Busson a écrit ce grand *Paysage après les pluies d'automne* dont le premier plan représente des mares au-dessus desquelles voltigent des pies. La forme générale du paysage, le mouvement des terrains dont le modelé est énergique, la couleur vraie de l'ensemble, tout cela donne la physionomie de la nature dans ses aspects les plus calmes et les plus habituels ; j'en dirai autant des *Souvenirs des Landes* et de l'*Été en Touraine*. Cet art est la philosophie du *vrai*. Je serais étonné si Busson ne parvenait pas au premier rang ; je t'avoue naïvement que mon amitié l'espère et que je ne crois pas m'illusionner sur le compte de mon ami, car je ne perds jamais de vue avant tout le *vrai* et le *beau*. Ce n'est pas une raison pourtant pour dénigrer les *siens* quand ils ont du talent, et se faire, comme c'est aujourd'hui trop la mode, *l'ennemi intime de ses amis*. Encore un artiste d'avenir dans le paysage, comme Nazon, Harpignies, Blin ; parions qu'on leur préférera pour ce que tu sais M. tel ou M. un tel. directeur en peinture de quelque théâtre guignol, ceci dit sans aucune application à Hamon. Pauvre paysage ! je luis dis adieu à regret, car il est l'amant de la solitude et de la *grande amitié*.

GRAVURE ET LITHOGRAPHIE.

—

Beaucoup de graveurs de mérite, occupés à la calcographie du Louvre, n'ont pas exposé. On se dédommage de leur absence devant une eau-forte de M. Masson, d'après un dessin de M. Bida, relevée par le burin ferme d'un homme que tu apprécies beaucoup, M. Pollet.

Parmi les autres spécimens, on remarque encore une eau-forte de M. Jacques, une gravure fort belle d'après l'*Antiope* du Corrége ; les gravures de la *Comédie italienne*, de M. Maurice Sand, par M. Manceau ; les *fac-simile* de M. Leroy, d'après les maîtres.

Enfin, les lithographies de M. Eugène Leroux, d'après le *Samson* de Decamps ; de M. C. Nanteuil, affaiblissant un peu deux tableaux de Ribeira ; de M. F. Van-loo, d'après le *Colza* de J. Breton ; d'intéressants *fac-simile* par M. Emile Bry, de croquis de Raffet : le *Défilé nocturne* et le *Cri de Waterloo*, sortes de visions d'une âme d'artiste, complètent à peu près le coup d'œil du Salon de 1861.

Pour ne pas rompre tout à fait avec l'usage, qui est de erminer de telles études par la sculpture, je citerai le *Joueur de pipeaux*, de M. J. Delorme, comme une œuvre qui donne beaucoup d'espoir !

CONCLUSION.

—

Enfin, me voici au bout de ma tâche. Tu trouveras peut-être que je suis entré dans beaucoup de détails, mais c'était nécessaire pour essayer de saisir les physionomies des talents divers qui existent au salon. Que faut-il pour que ces forces un peu stériles soient utilement fécondées ? Ne nous le dissimulons pas, la première mesure à prendre me parait être la réforme complète du mode d'exposition actuel. Mais, diras-tu, le souffle manque à la plupart des talents que tu m'as vantés; à qui la faute ? sinon au public, qui est absorbé par les intérêts matériels ou qui s'endort dans la béatitude sensuelle. Ce n'est pas une raison pour que tout nouveau venu dans les arts n'essaye point à son tour de réagir contre une aussi fatale tendance. Ne te décourage donc pas; dans la voie que tu suis, tu devras lutter longtemps, tâter le terrain par des essais successifs avant d'atteindre le beau, et surtout avant de recueillir ce qu'on appelle le succès, ainsi que les profits qui en résultent. Que t'importe! tu peux et dois dédaigner ceci; le véritable artiste s'inspire de l'amour de l'art et non des désirs de vanité ou de fortune. Pour réussir à ce dernier point de vue, il faut. d'ailleurs, faire avec soi-même et sa conscience trop de compromis.

Un acte significatif s'est passé dans le monde des

lettres qui doit te montrer quel est parfois l'esprit des décisions qui amènent ces satisfactions-là. Un grand critique, en même temps poëte, pour lequel l'amour des lettres n'est pas un vain mot, a proposé, tu le sais, comme digne de la plus haute récompense, le premier écrivain du temps. Deux mois entiers, une assemblée composée d'historiens, d'orateurs, d'anciens hommes d'État en disponibilité, mit une sorte d'acharnement à exclure ce candidat sous un prétexte illusoire de moralité. Pas un écrivain jeune pourtant, ayant du talent, (parmi ceux qui sont l'honneur de la presse je citerai pour exemple ceux de l'*École normale* et des *Débats*) ne conteste la moralité des romans de la dernière manière; que dis-je, ils les prônent, les célèbrent à l'envi, en soutenant que l'idéal du romancier est noble, élevé. D'autres, courbés par l'âge, n'obéissant plus, hélas! au déclin de leur vie, qu'à de tristes passions, à des rancunes étroites, parlent de corruption. Ils devraient se rendre compte qu'ils ont été eux-mêmes les pires corrupteurs de leur époque, soit en oubliant sans cesse leur passé, soit surtout, en ces derniers temps, en se tournant contre la plus noble des causes. Ceci imprimera sur eux une tache ineffaçable!

Aussi que chacun lutte dans tous les arts contre les faiblesses séniles. Plusieurs semblent t'y convier par de nobles efforts. J'espère que tu sauras les imiter, et que je figurerai dans la foule parmi ceux qui seront heureux d'applaudir!

POST-SCRIPTUM.

En relisant, je m'aperçois que j'ai oublié un étranger, M. Pinkos, qui a fait un *Pendu*, autour duquel sont pittoresquement réunies des commères qui jasent ; un imitateur de Goya et des Espagnols, M. Mannet, et un talent gracieux, quoique un peu débile, M. Jourdan. On a remarqué beaucoup la grande toile décorative du *Combat de Cerfs*, et deux autres tableaux de M. Kuytenbrouwer (Martinus). Il y a du mérite dans les œuvres de ces peintres.

J'aurais voulu te donner, avant la table des artistes désignés dans ma lettre, une liste des récompenses qui vont être distribuées *mercredi*, mais je n'ai pu me procurer que quelques noms. En peinture : MM. Belly, Auguste Bonheur, Timbal ont obtenu des médailles de 1re classe, ainsi que M. Quantin qui sort des catacombes ! Je puis t'assurer que ce peintre religieux a peu de ferveur. Quant aux paysagistes, ils sont généralement abandonnés. Il n'y a que M. Desjobert dont les qualités solides aient été bien soutenues. Pauvres paysagistes (je parle des bons), on leur préfère tous ceux qui occupent la frivolité du public. Ceci ne nous prouve-t-il pas que le jury actuel, composé d'hommes éminents, aurait besoin d'être complété pour certains genres au moyen de l'élection ? En sculpture, la section a été vaillante. MM. Thomas. Cranck, Schœnewerk et Cabet ont des premières médailles.

TABLE ALPHABÉTIQUE

DES ARTISTES DÉSIGNÉS DANS CET ÉCRIT QUI ONT FIGURÉ

AUX EXPOSITIONS DE 1861.

PARIS. — IMPRIMERIE DE DUBUISSON ET Cᵉ, RUE COQ-HÉRON, 5.

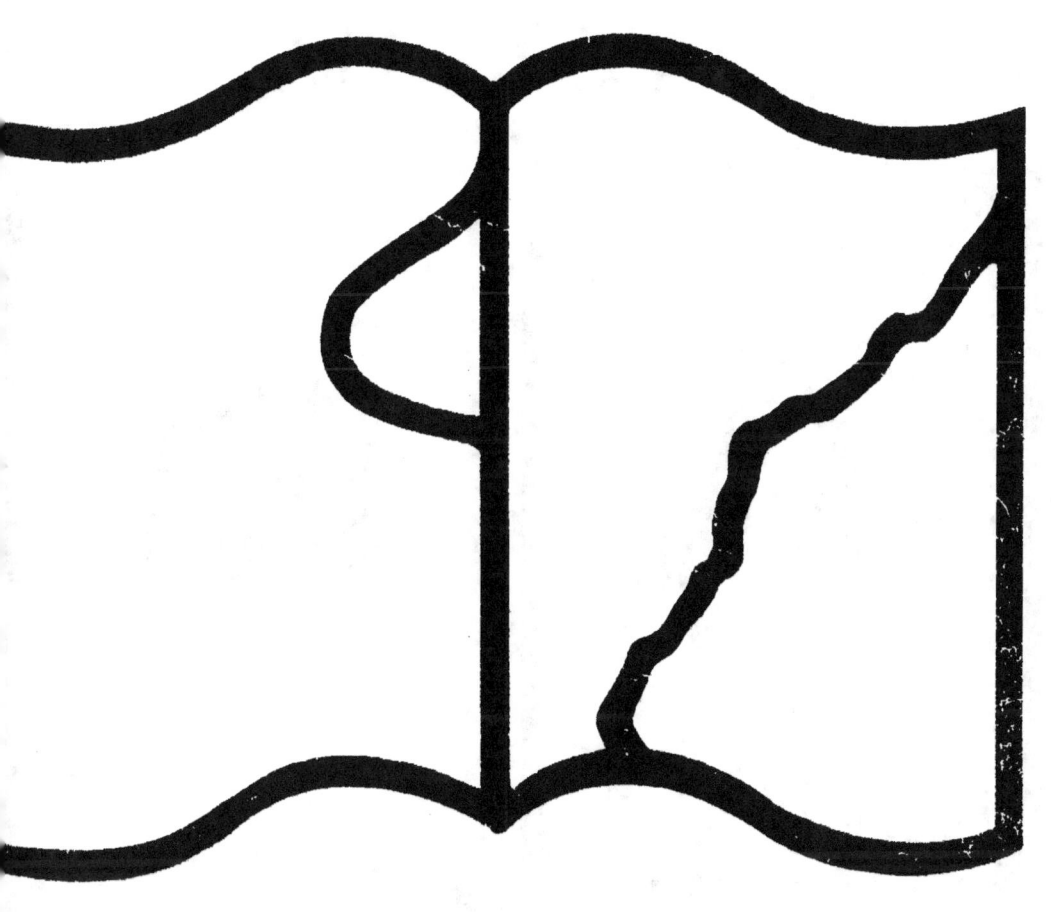

Texte détérioré — reliure défectueuse

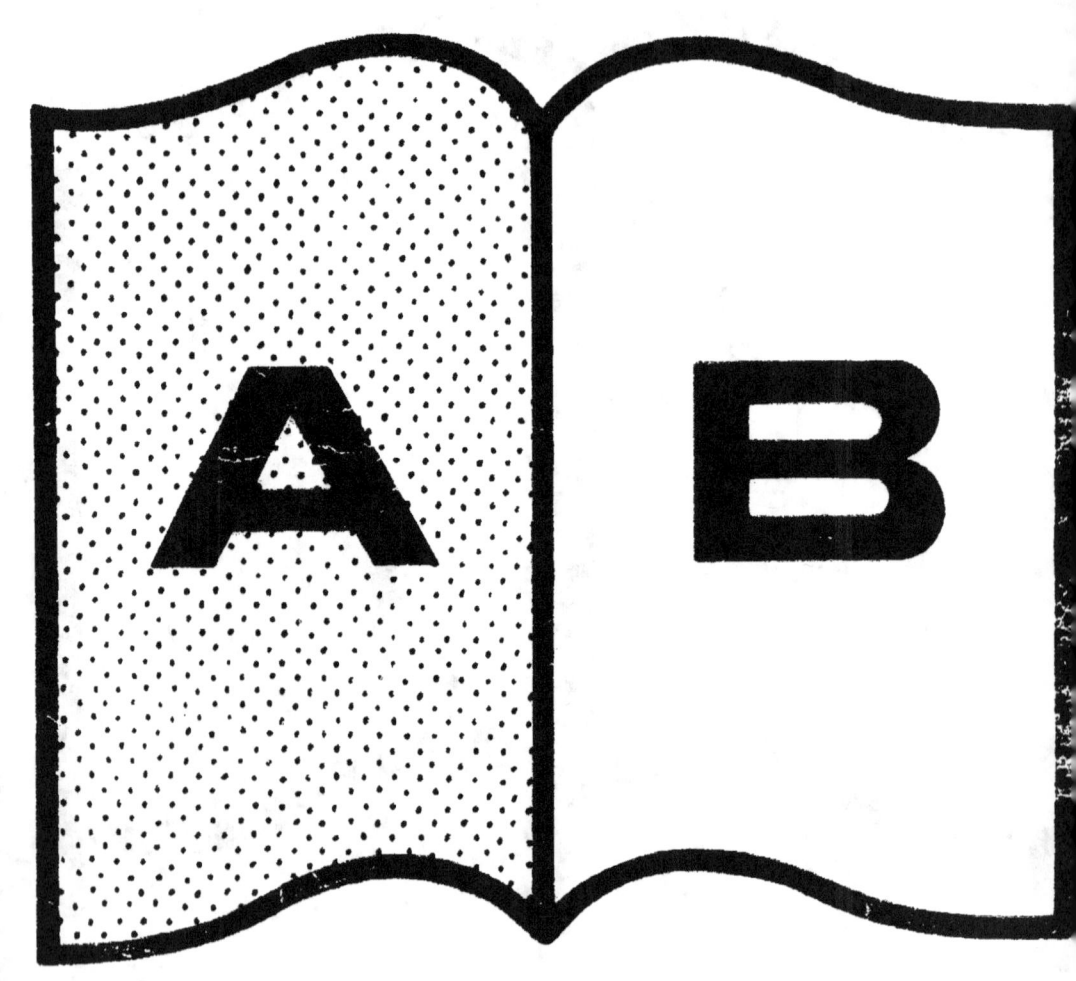

www.ingramcontent.com/pod-product-compliance
Lightning Source LLC
Chambersburg PA
CBHW071604220526
45469CB00003B/1109